LE CHAUDRON FRANÇAIS

JEAN-MICHEL DÉCUGIS
MARC LEPLONGEON

LE CHAUDRON FRANÇAIS

BERNARD GRASSET
PARIS

ISBN : 978-2-246-86302-1

« La religion, c'est comme une recette du terroir.
On se la transmet de génération en génération
mais si on change un ingrédient,
c'est plus bon. »

Rachid TAÏBI,
président d'un club de football de Lunel

I

Le poison du repli

Lunel, c'est l'histoire d'un renoncement politique et d'un aveuglement social. Une ville clivée entre des Français dépossédés de leur passé et des déracinés sans perspective d'avenir. Un petit bout de Camargue de 25 000 habitants, coincé entre Nîmes et Montpellier, où un habitant sur dix est étranger et une personne sur cinq est sans emploi. Le chômage est deux fois supérieur à la moyenne nationale ; et il faut encore le multiplier par deux pour se faire une idée du fléau chez les jeunes. Le niveau de formation et de qualification est parmi les plus bas du département. En trente-trois ans, la population a doublé et n'a jamais pu être absorbée par le marché du travail. Les inégalités atteignent ici des sommets d'indécence. Un quart des Lunellois vit en dessous du seuil de pauvreté[1] et ne subsiste que grâce aux allocations sociales. L'intégration a échoué. L'immigration a déferlé par vagues sur des terres de traditions taurines, balayant le sable des coutumes locales, et poussant les « Pescalunes » – les Lunellois d'origine – à médire contre les nouveaux arrivants. Peu à peu deux communautés se sont éloignées qui, chacune, vivent et s'observent, méfiantes. Cinquante ans durant, des générations de Maghrébins se sont enfoncées dans la misère, s'installant sans trouver d'emploi, ou se résignant à un travail agricole saisonnier, la récolte du melon et de l'asperge ne répondant toutefois pas aux besoins de tous les foyers. En réaction à leurs pères qui rasaient les murs, les enfants d'immigrés ont commencé à revendiquer une existence. Un islam de plus en plus affirmé, rigoriste et intolérant, s'est installé dans les quartiers et a prospéré à la mosquée. « Et si Lunel, c'était tout simplement la France de demain ? » interroge un politique.

1. Contrat de ville de Lunel 2015-2020, Orientations stratégiques, objectifs opérationnels et plans d'action.

Nous ne reconnaissons pas la ville de notre enfance. Celle où nous sommes nés et où nous avons grandi, celle où les questions raciales ne perçaient pas ou seulement à la marge, celle où il n'y avait pas autant de haines et d'antagonismes culturels. Il ne s'agit pas d'une nostalgie mal placée, du fleuriste qui était là et qui n'est plus, d'une route qui a été goudronnée ou d'un rond-point qui n'existait pas dix ans plus tôt. C'est un sentiment plus profond, une sorte d'arrière-goût d'abandon sur lequel nous peinons à mettre des mots. Comme si Lunel, pendant des années, s'était fané et que personne n'avait été présent pour irriguer le lien social. Le maire de la ville, Claude Arnaud, à qui nous nous en ouvrons, résume la situation. « Le cœur de Lunel a été envahi », confie-t-il à sa manière, brusque, sans filtre, avec des relents identitaires. Confortablement assis dans son bureau, ce jour ensoleillé de septembre 2016, il nous désigne avec fierté les plans des futures arènes qu'il doit bientôt faire construire. « Envahis. » Le mot résonne dans notre tête. Lunel, serait-ce donc cette guerre de croisés entre la *Nation Gardiane*, ces défenseurs depuis un siècle des particularismes camarguais, et les musulmans relégués au rang d'envahisseurs ? Voici mille ans, Lunel n'était-il pas un joyau de la pensée et de la culture juive en Europe ? Lunel, la « Palestine de France ». Vraiment, un édile républicain vient-il d'utiliser, pour décrire sa ville, le champ lexical de la guerre ?

Entre novembre 2013 et décembre 2014, une vingtaine de jeunes sont partis faire le djihad. Soit environ une personne pour mille habitants. Des familles et leurs enfants, des couples et des hommes seuls se sont installés en Syrie et en Irak. Des bébés y sont nés, des combattants y sont morts. Lunel est désormais perçu comme un repère de barbus, une zone de non-droit, un lieu infréquentable. « Djihadland », « le Molenbeek français », « la capitale du djihad », titre la presse dès l'automne 2014. Depuis leur terrasse ombragée par des oliviers et des feuilles de vigne où ils jurent vivre paisiblement, les habitants se sentent injustement montrés du doigt. La condamnation publique est, jugent-ils, d'une violence inouïe. Reste ce constat : le djihad a touché bien plus d'enfants à Lunel que partout ailleurs. Raphaël, étudiant brillant, enfant d'une famille juive. Hamza, fils d'un ancien président de la mosquée. Karim, jongleur et cracheur de feu, tenancier d'un café. Abdel, un ancien militaire, qui a servi à la Légion. Yassine, un jeune papa paumé. Maëva et Hassiah, deux futures mamans. Tous sont partis, comme ça, sans prévenir, et sont devenus des ennemis de la Nation. Eux, les gamins qui fréquentaient, petits, les mêmes stades, les mêmes écoles que nous... Comment en sommes-nous arrivés là ?

Difficile de comprendre, même pour nous qui avons pourtant écumé les bancs de l'école des garçons Victor-Hugo, en plein centre-ville de Lunel, à une époque, les années 1970, où les instituteurs apprenaient à leurs élèves la tolérance face à la diversité des origines. Dans la cour de récré, on ne comptait plus les noms à consonance étrangère, les gosses des immigrés espagnols et italiens arrivés en masse dans le pays après la Seconde Guerre mondiale. Les Maghrébins, eux, sont installés dans les champs à l'extérieur de la ville, regroupés dans des baraquements sans intimité ni confort. Leurs enfants ne pousseront les portes de l'école communale qu'au milieu des années 1970. L'accueil qui leur est réservé, dans cette région où se sont implantés de nombreux rapatriés d'Algérie, est parfois difficile. Nous n'avons pas neuf ans quand notre instituteur de CE2 annonce à la classe l'arrivée d'un nouvel élève venu du Maghreb. Le lendemain, le gamin est encerclé par les élèves qui lui souhaitent la bienvenue en lui lançant tout ce qu'ils ont dans la main. Nous lui jetterons notre goûter : une banane. Plus tard, lorsqu'ils auront l'âge d'aller en boîte de nuit, ce sont ces mêmes gamins qui célébreront la fête du village en organisant une immense « ratonnade », ce mot affreux qui désigne la chasse aux « bicots », aux « gris », aux « bronzés » dans les rues de la ville. C'était en juillet 1982. L'extrême droite pose ses valises à la mairie l'année suivante. Quant à l'enfant maghrébin sur qui nous avions jeté des bananes, il est devenu travailleur social. Et s'intéresse aujourd'hui aux questions liées à la déradicalisation…

Il y a vingt ans déjà, nous tirions la sonnette d'alarme. Dans un article du *Figaro*, alors dirigé par Robert Hersant, nous décidions de nous lancer dans une série de reportages sur ces « banlieues dont on ne parle jamais ». Lunel ne pèse que quelques milliers d'habitants mais présente déjà, à notre sens, tous les symptômes – chômage, immigration, tensions identitaires – des grandes banlieues parisiennes et lyonnaises. Publiée le 27 novembre 1995[1], notre enquête provoque un tollé. Nous racontons la vie quotidienne des habitants et les tensions qui, année après année, prospèrent. Chacun se replie sur son groupe, sa communauté, retranché derrière ses griefs. Les Pescalunes ont l'impression de ne plus être chez eux lorsqu'ils se promènent dans le centre-ville. « Il y a des Arabes partout, alors on finit par ne plus s'y rendre », disent-ils. Les Lunellois ferment leurs commerces, aussitôt rachetés par les nouveaux arrivants. « C'est la France à l'envers. » Les autres, les « bronzés », se défendent, veulent « être visibles », eux dont les parents ne l'étaient pas. Ils vont au cinéma, dans les cafés, bravent les regards, défient les patrons des bars qui les empêchent d'entrer. « Aujourd'hui les commerçants sont obligés de travailler avec nous, autrement ils ferment boutique. Mais nous, on va chez les nôtres », clament-ils. Notre article décrit aussi l'économie souterraine liée au trafic de drogue qui s'installe dans une hébétude totale. La ville est sous perfusion. Des brèches sont colmatées, au même moment d'autres s'ouvrent. En permanence, les

1. « Lunel ou la France à l'envers », *Le Figaro*, Jean-Michel Décugis.

principes républicains comme la famille, le travail, l'école se cassent la figure sur le réel. « On demande au maire de tout régler. Mais le maire ne peut embaucher à la place des chefs d'entreprise, faire l'école à la place des enseignants, élever les gosses à la place des parents. Je suis très pessimiste. La France va finir par exploser. » Les propos, signés Claude Barral, le maire socialiste de l'époque, sont terriblement d'actualité.

Car vingt ans plus tard, la France n'explose pas mais plusieurs enfants de Lunel devenus djihadistes se bardent de peroxyde d'acétone, connu sous l'acronyme anglais de TATP, en Syrie ou en Irak. Le 23 novembre 2015, dix jours après les attaques de Paris, un jeune homme de Lunel, vingt-deux ans, arrive sur la place du marché du village au petit matin, à l'heure où les olives commencent tout juste à être déversées dans les bacs et où les premiers effluves d'épices se font sentir. Et après avoir trop bu, là, au milieu des étals, il s'écrie : « Je suis Abdeslam. » Partout, la bêtise et l'ignorance infusent. Il y a vingt ans, élus, commerçants, habitants s'étaient sentis stigmatisés, trahis par notre article. Leurs propos ont été déformés, caricaturés, disent-ils. Le maire parle de manipulation. Nos parents, qui habitent dans la ville, n'osent plus sortir, redoutant d'être pris à partie. « Avec l'image que ton fils donne de Lunel, on ne pourra plus vendre nos maisons, nos commerces… », leur dit-on. Le maire proteste mais, en coulisse, écrit au chef de l'État, Jacques Chirac, copie de l'article du *Figaro* à l'appui, pour réclamer le classement de Lunel parmi les 700 zones urbaines sensibles de France. Il l'obtiendra… Aujourd'hui, rien n'a changé. Voici ce qu'écrit à ses administrés le nouveau maire après la succession de décès de Lunellois partis faire le djihad. La lettre est datée du 2 février 2015 et distribuée dans toutes les boîtes de la commune : « Notre ville a fait l'objet d'une médiatisation outrancière et stigmatisante qui a mis à mal son image. Lunel ne méritait pas un tel traitement totalement disproportionné et subjectif. » Et le maire de poursuivre : « Non, Lunel ne se réduit pas à quelques djihadistes. Lunel, c'est près de 2 000 ans d'histoire, c'est un tissu associatif riche et varié, c'est une jeunesse qui s'épanouit, c'est une identité camarguaise profondément enracinée, c'est un environnement préservé, ce sont des animations et des spectacles qui sont autant de rendez-vous populaires, ce sont des équipements et des services que beaucoup pourraient nous envier en matière de santé, de sport, de culture, de scolarité, de commerces, d'administrations, etc. » Les temps changent mais l'attitude des politiques, elle, reste la même : le déni. Par manque de clairvoyance et de courage, les autorités lunelloises ont mis le couvercle sur la marmite. Les Lunellois morts en Syrie sont tombés dans l'oubli. Et personne ne retient les leçons de l'Histoire.

Pour des raisons qui tiennent à la narration, le récit que nous livrons dans ces pages est écrit à la première personne du pluriel. Seul Jean-Michel Décugis, né en 1963, a cependant grandi à Lunel et y a ses attaches familiales. Les anecdotes et souvenirs d'enfance que nous décrivons sont donc les siens ; cette enquête, la nôtre. Pendant des mois, nous avons rencontré des habitants ; des politiques ; des magistrats, des policiers et gendarmes, et des avocats, qui nous ont aidés à comprendre la complexité des investigations judiciaires ; des familles et proches de djihadistes qui ont accepté de nous parler de leur douleur. L'histoire que nous racontons est celle des jeunes partis combattre en Syrie, et celle de ceux qui les ont soutenus ou embrigadés. C'est l'histoire de deux communautés qui vivent l'une à côté de l'autre et qui s'ignorent. C'est l'histoire de djihadistes lunellois qui ont fait verser plus de larmes que de sang. C'est l'histoire d'une faillite française.

II

Les premiers départs au djihad

Abdelkarim, dit Karim « Le Chinois », surnommé ainsi pour ses talents en arts martiaux, sera le premier Lunellois à partir en Syrie à l'automne 2013. Le jeune homme de vingt-huit ans ne fait pas le voyage seul. Un ami, sa femme et leurs quatre enfants l'accompagnent. À l'époque, les frontières sont encore ouvertes et les djihadistes, grâce à quelques contacts glanés sur Internet, n'ont aucun mal à trouver un passeur à même de les conduire en Syrie. Un dénommé Benahmed, qui les a précédés, se propose même de les épauler. L'arrivée de tous ces jeunes est pour lui une aubaine. Benahmed confectionne un *Petit Futé* du djihad et a besoin d'aide pour perfectionner son guide de voyage. Quand doit-on assister aux sessions d'entraînement ? Comment faire pour parvenir jusqu'ici ? Quel budget prévoir ? Où loger ? Sur sa page Facebook, Benahmed donne des nouvelles du Jaish Muhammad (L'Armée de Mohamed), un groupe de 400 combattants affilié au Front al-Nosra, composé en partie d'Égyptiens, de Bosniaques, de Tunisiens et de Français. Chaque prétendant au djihad peut y trouver des conseils pratiques pour rendre les préparatifs du départ le moins pénibles possible. C'est l'époque du « *Lol-djihad* », comme l'a appelée le journaliste David Thomson[1]. Sur Facebook, les futurs combattants de Daech suivent les aventures des copains par selfie interposé, chacun racontant son périple en postant des photographies sur les réseaux sociaux. Ici au kebab, avec des amis syriens, là au volant d'une jeep dans le désert. Certains tweetent même en direct le passage de la frontière… Karim « Le Chinois » se lance de bon cœur dans l'aventure. Il prête allégeance au groupe dès son arrivée.

À Lunel, la nouvelle de son départ se répand extrêmement vite. Personne ne comprend comment le jeune homme, qui tenait jusque-là le café Le Bahut, connu pour ne

1. *Les Revenants*, éditions Seuil/Les Jours, 2016.

LE BAHUT

pas rechigner devant une bouteille et un joint, a choisi l'islam radical. Lui qui publiait encore il y a quelques mois sur Facebook ses photos de vacances à Paris, devant l'Arc de Triomphe, dans un bateau-mouche, ou encore skis aux pieds sur les sommets d'une montagne. On le voyait alors, non pas un seul index tendu vers le ciel – signe de ralliement à l'État islamique (EI) – mais les doigts de ses mains désignant avec fierté un panneau métallique au-dessus de sa tête, sur lequel on lisait en lettres blanches, sur fond bleu et vert : « Avenue des Champs-Élysées ». Karim a des écouteurs blancs qui lui tombent sur les épaules. Il porte un jean bleu délavé et une veste noire. Ce jour où a été prise la photographie, savait-il seulement qu'il commencerait bientôt à haïr les valeurs de la France ? Lui qui, à cet instant précis, pose un sourire aux lèvres, sur le lieu même où les Français célébrèrent la Révolution de 1789 et la Libération de 1944 ? Ou plus proche de nous encore, la victoire de l'équipe de France de football à la Coupe du monde de 1998 ? À Lunel, Karim, après avoir laissé à son frère les clés de son café, avait monté une entreprise de restauration de façade. Sa famille avait l'habitude de le voir disparaître pendant quelques jours. Aussi ne s'était-elle pas étonnée lorsqu'il leur avait annoncé qu'il s'en allait six mois à Nice pour un gros chantier. Son cadet, Saad[1], l'avait même encouragé dans cette voie : « Une semaine et demie après son départ, il m'appelle et il me dit qu'il est en Turquie... Le pire, c'est que je me disais que c'était bien qu'il soit tombé dans la religion. Il respectait tout le monde, ne faisait de mal à personne. Je n'ai pas compris. Je suis resté entre parenthèses dans ma tête. »

Ancien jongleur, acrobate et cracheur de feu, Karim avait une énergie de fauve. Il avait un temps fait partie de la compagnie de cirque Saoufet, avec laquelle il était parti à la Réunion. Puis avait été repéré par Tahar Akermi, l'animateur sportif de Lunel, décoré en 2014 de la médaille de l'Assemblée nationale pour son rôle de « grand frère ». Le jeune homme s'était pris de passion pour la boxe, hobby dévorant lui permettant de se canaliser. Dailymotion garde trace de ses combats. Sur ces vidéos, on le suit, torse nu, le corps affûté dans un short rose, sautiller d'un bout à l'autre du ring

1. Entretien avec les auteurs, avril 2016.

et enchaîner droites, gauches, coups de pieds et coups de poings. Le voilà qui se roule à terre et se démène sur le tatami. Revigoré par les cris de ses proches, il inverse la tendance. Karim domine. Dans le jargon sportif, on disait qu'il avait « du mental ». Quand a-t-il bien pu perdre la main sur lui-même ? Petit à petit, racontent ses proches, à force de passer son temps sur Internet et de visionner en boucle les vidéos du recruteur franco-sénégalais Omar Diaby, « Le Chinois » s'était laissé embrigader. Sur la fin, il s'était complètement renfermé. Karim quitte le pays le 14 novembre 2013. Il s'était marié religieusement la veille…

Bientôt, d'autres Lunellois prendront le même chemin. En janvier 2014, Houssemedine Mosli, grand copain de Karim, quitte la France avec son épouse, Maëva, en compagnie d'un autre couple et de deux amis. Houssem s'était radicalisé après un séjour en prison, dont il était ressorti avec la barbe et les cheveux longs. Selon la police, il aurait incité de très nombreux jeunes à partir. Comme Karim, avec qui ils sont en contact, Houssem et ses amis choisissent le Jaish Muhammad, avant de rejoindre l'État islamique en Irak et au Levant (EIIL), devenu État islamique (EI). La bande de copains s'installe sur l'Euphrate, à proximité de la frontière irakienne. Tous deviennent rapidement des combattants de l'EI, fortement endoctrinés, prêts à « faire la guerre à Bachar » et aux troupes chiites ennemies. Parmi eux, l'un s'illustrera bientôt : Abdelilah Himich, dit Abou Souleymane ou encore « Abdel le légionnaire », en référence à son passé dans l'armée française. Né en 1989, Abdelilah s'engage dans la Légion étrangère à dix-neuf ans et sert six mois en Afghanistan. Il revient décoré de deux distinctions, la médaille commémorative française et la médaille de l'Otan. Le jeune homme ne s'attarde pas et déserte en septembre 2010, prétextant l'enterrement de son père[1]. De retour dans la région de Lunel, il tente le concours d'aide-soignant, qu'il rate de peu, et est condamné à deux ans de prison ferme pour le transport de 1,2 kilo de cocaïne entre Amsterdam et Paris. Abdelilah bénéficie d'un aménagement de peine et échappe à la prison. Il part en Syrie accompagné de son épouse, Alexandra, musulmane convertie.

Alors que sa compagne reste en ville avec les

1. « Abdelilah Himich, le légionnaire devenu cadre de l'organisation État islamique », *Le Monde*, 23 novembre 2016.

autres femmes de combattants, Himich, lui, part au front. Grâce à son expérience militaire, le légionnaire monte rapidement dans la hiérarchie et prend la tête d'un groupe de 300 hommes. Une blessure à la jambe l'oblige néanmoins à se retirer quelque temps des combats. Son influence est telle que plusieurs sources du renseignement voient en lui un haut cadre de l'État islamique, certaines s'interrogeant sur le rôle qu'il pourrait avoir joué dans la préparation des attentats du 13 novembre 2015 à Paris. Inscrit sur la liste américaine des terroristes étrangers à abattre, son aura n'en est que plus forte. En quelques mois à peine, à Lunel, il devient une légende. Sa maîtrise de l'art de la guerre – il sait piloter un hélicoptère et « devait nous apprendre », dira un djihadiste – le transforme en icône. Sur Facebook, chacun de ses exploits est commenté, chacune de ses photos et vidéos échangée. Sur l'une d'elles, on l'observe bardé de munitions, allure militaire et pistolet dans la main droite, pantacourt de treillis et T-shirt gris, une cagoule noire laissant apparaître deux yeux menaçants. Dans une interception téléphonique menée en 2014, les agents de la Direction générale de la sécurité intérieure (DGSI) avaient ainsi entendu un de ses proches narrer ses faits d'armes : « Abou Souleymane (…) Eh ben il en a exécuté deux avec un frère marocain. Ils leur ont tiré une balle dans la tête. Après on les a crucifiés. » Dans une autre communication, en date du 21 février 2014, Abdelilah avait rapporté à Alexandra, son épouse, la dureté de son entraînement. « Il faut que tout le monde soit au même point, lui avait-il confié. Après s'il est question de chef ou quoi, je serai chef. » Ce jour-là, le légionnaire n'était encore qu'un troufion de Daech qu'il aspirait déjà à en devenir un de ses officiers. C'est peut-être la dernière fois que les services de renseignement ont entendu le son de sa voix, avant qu'il devienne un des Français les plus gradés de la première organisation terroriste mondiale.

Entraîné par la ferveur vouée à Himich, la vague de départs hivernale sera suivie d'une autre au printemps 2014. Hamza A., dit Hamza « Coran », fils d'un ancien président de l'association gérant la mosquée de Lunel, en fait partie. Ses proches décrivent un « gamin formidable » toujours prêt « à aider les autres ». « J'ai mis un an à me remettre de son départ, confirme Dimitri[1], un responsable

1. Le prénom a été modifié.

associatif l'ayant côtoyé. Pour moi, il est vraiment parti parce qu'il croyait faire des choses bien. Ce ne sont pas des mots en l'air, c'est une conviction profonde. » À l'écouter, tout serait parti d'une rixe, quelques années plus tôt. Hamza « Coran » a quinze ans et veut défendre l'honneur de son frère, amoureux d'une fille éprise d'un autre homme. Il s'interpose dans une bagarre et prend un coup de poing. L'élément déclencheur. Hamza n'arrive pas à admettre qu'on ait pu lui casser la mâchoire. Et ce qui aurait dû rester un chagrin d'adolescence devint un traumatisme. Une blessure profonde dont il ne parvint jamais à se remettre. À son tour, et à l'instar d'autres futurs djihadistes, Hamza s'isole. Lunel est privé du souffle d'une jeunesse que plus personne, ici, ne veut écouter. « On ne va jamais là où ça sent la pisse de chat, s'emporte Dimitri. Mais on ne peut même pas en vouloir à la municipalité tellement elle est déconnectée. On est tous responsables de près ou de loin de ce qui s'est passé, de tous ces départs au djihad. Et ça, on ne l'a jamais accepté. »

III

Une bagarre pour la foi

En août 2014, viendra le tour de Raphaël Amar. Un rêveur, le jeune Raphaël, avec sa gueule d'ange, ses yeux bleus et ses envies d'humanitaire. Sur ses photos Facebook, on le voit en Irlande. Il regarde des paysages somptueux, des falaises noires qui plongent dans la mer, en prenant l'air absorbé des grands songeurs. Sur le cliché d'à côté, il arbore un beau sourire, tend la main pour nourrir des chevaux et des oiseaux. Parfois, il prend la pose avec ses parents. Grand ado un peu blasé mais qui veille tout de même, bienveillant, à les entourer de ses grands bras. Il avait l'air heureux, Raphaël. Une enfance à la campagne, une passion pour les échecs et les jeux de stratégie, des parents aimants ouverts sur le monde et la société. Aujourd'hui, l'étudiant brillant, le futur ingénieur, semble de plus en plus triste. Le jeune homme se radicalise. Quand Raphaël, de confession juive, se convertit en 2011, son entourage croit d'abord à une mauvaise passe. Il a dix-huit ans. Les convertis sont souvent excessifs et cherchent à prouver la sincérité de leur foi avant de trouver le point d'équilibre de leur pratique religieuse. Laissons-lui du temps, il devrait bientôt se ressaisir, pensent ses proches. Mais pour Raphaël, les choses empirent. Le jeune homme arrête un temps la guitare, s'isole, ne veut plus voir certains de ses amis, décide d'une abstinence sexuelle totale jusqu'au mariage. Son père, Laurent, est en désaccord complet avec la vision de la société de son fils. « C'était un combat de chaque minute, sur la laïcité, la démocratie, le créationnisme, se souvient-il[1]. On était un peu dans la bagarre intellectuelle. »

Raphaël n'a pas l'air d'un fou de Dieu, mais aborde parfois, à la maison, des thèses et théories sur la fin du monde et le complotisme. Très proche de lui, sa mère, psychiatre, se convertit elle aussi à l'islam, probablement dans l'espoir de garder contact avec

1. Entretien téléphonique avec les auteurs.

son enfant, dont les discours se radicalisent. Elle veut lui montrer le chemin et avoir suffisamment de connaissances pour pouvoir lui répondre. Mais le jeune homme semble de plus en plus déterminé, hermétique à la raison et cloisonné dans ses vérités. Les parents de Raphaël n'abdiquent pas, tentent de trouver une alternative, un contre-discours. Ensemble, ils brandissent le Coran, lui en lisent des morceaux, veulent lui montrer que son islam à lui est mortifère. En vain. Avec ses nouveaux amis, Raphaël part parfois faire des « retraites dans les Cévennes » et il lui arrive de dormir à la mosquée. Il demeure sous influence. Le sable collé sur le visage des Syriens par les larmes et le sang séché ; les éclats de bombe fichés dans la peau des femmes ; les pères qui tiennent leur bébé mort à bout de bras et qui le brandissent devant les photographes comme un étendard… Toutes ces photos qui défilent sur Internet le rendent malade. Elles l'écœurent. Raphaël veut les aider.

De septembre 2013 à mai 2014, le jeune homme part quelques mois au Bahreïn en séjour de fin d'études. Il voulait se rendre en Corée du Sud, mais les tensions avec le Nord ont réduit à néant son projet. Laurent, son père, s'est laissé convaincre[1] : « Je pensais qu'une expérience dans un pays musulman lui ferait prendre du recul par rapport à cette religion. » Lorsque Raphaël revient à Lunel, rien, dans son comportement, « ne laiss[e] présager qu'[il] puisse envisager un départ brutal », ajoute-t-il. Raphaël a d'excellents résultats. Les quelques mois à l'étranger se sont bien passés, il ne semble pas s'être radicalisé davantage, même s'il a tout de même fallu intervenir une fois pour le dissuader de se marier avec une inconnue… Mais de retour dans l'Hérault, quelque temps avant le ramadan, Raphaël replonge et fréquente à nouveau la mosquée de Lunel. Il discute beaucoup sur Internet avec les jeunes partis en Syrie, lesquels l'incitent à les rejoindre. Le jeune homme élude les questions embarrassantes de ses parents, et fréquente un mentor plus âgé à la longue barbe blanche, un certain Eddy Boumaiza, qui semble exercer une influence particulière sur les candidats au djihad. Avant chaque départ, ils sont nombreux à le consulter. Dans une conversation téléphonique interceptée, les policiers

1. Procès-verbal d'audition par le SRPJ de Montpellier, 1er août 2014.

l'entendront même se satisfaire au téléphone du départ de Lunellois pour le *Cham*[1]... Le 16 juillet 2014, Raphaël se rend à Nîmes et prend un TGV pour Paris. Sa valise est lourde mais n'alerte personne, le jeune homme porte beau avec son costume bien taillé et sa barbe rasée. Le programme est chargé : soutenance de projet de fin d'année le lendemain, entretien d'embauche le 19. Raphaël honore tous ses rendez-vous. Le 21 juillet, il appelle ses parents : le voilà aux portes de la Syrie. À la fin de la conversation, toute la famille est en larmes. Lorsque Laurent Amar raccroche, il est persuadé que son fils est « convaincu et qu'il va revenir ». Raphaël est accompagné d'un copain de Lunel, le petit Sabri Mosli, qui n'est même pas majeur et dont le frère, Houssem, est déjà en Syrie. Tous deux franchissent la frontière. Ils ne reviendront pas.

1. Mot arabe désignant les pays du Levant : Syrie, Libye, etc.

IV

Les derniers mots de Raphaël

De temps en temps, Raphaël se connecte sur Skype. C'est tout ce qui reste de lui : une petite croix verte « *disponible* » qui s'affiche à l'écran. La plupart du temps, il est absent. Il est parti comme ça, d'un coup, comme une cartouche de fusil. Depuis Shadadi, une petite ville au nord-est de la Syrie où il vit, Raphaël rassure sa mère. La connexion est mauvaise, il ne peut pas toujours appeler mais il peut écrire des messages. Pour l'instant, c'est « plutôt des vacances », dit-il. Il est passé par Raqqa, s'est baigné dans l'Euphrate avec les copains. Les habitants sont adorables. Alors, c'est sûr, il y a des endroits plus pauvres que d'autres, mais lui loge « dans de très bonnes conditions ». « Pour le moment je prends mes repères, je mange très bien (…) Toutes les personnes ici n'ont pas besoin d'argent », lance-t-il. Raphaël se repose. Les deux premiers jours, il n'a pas très bien dormi. L'angoisse du départ. Il y avait tout ce bruit, ce tumulte, cette langue qu'il ne connaît pas ou peu, ces gens qui conduisent n'importe comment, « comme au Maroc ». Là, ça va mieux. L'islam est correctement appliqué. Raphaël se veut serein.

« On doit garder un contact tous les jours, exige sa mère. Comment est-il possible de te rejoindre si nous partons, ton père et moi ? Comment as-tu obtenu un visa ? Et le délai ? Il paraît que c'est très dangereux d'y aller. Donne-moi les infos s'il te plaît. » Le fils unique botte en touche, sa mère insiste : « Il faut que je puisse être prévenue s'il y a un problème, lui dit-elle. Peut-on s'appeler tous les jours ? » Raphaël, froid : « Je vais faire au mieux. » Il poursuit :

— Je ne peux pas te promettre quelque chose qui n'est pas sûr. De temps en temps il y a des coupures dans la ville. Bon après c'est prévu, il y a des groupes électrogènes, etc. Mais en tout cas je t'assure, là où je suis, c'est vraiment tranquille. Comme je t'ai dit, depuis que je suis arrivé, je n'ai ni entendu d'explosion ni quoi que ce soit.

— As-tu donné mes coordonnées pour que je sois prévenue s'il t'arrivait quelque chose ? Si on vient, comment ça se passe à la frontière ?

(...)

— Je ne vais pas tarder ma petite maman. Je ne vais pas me coucher trop tard, on a une heure de décalage par rapport à la France. Je pense très très fort à toi en tout cas et j'espère qu'on pourra se voir prochainement. Je t'aime très très fort, et moi aussi, plus que la lune ! Ma petite maman d'amour, ne doute jamais de ça. (...) J'espère que je pourrai t'expliquer un certain nombre de choses par téléphone, très prochainement, Inch'Allah. Je t'aime. Prends soin de toi et de papa.

Sur Skype et par téléphone, sa mère tente de garder le contact. Elle le questionne sans cesse. Au moindre retard, elle multiplie les messages : « Où es-tu ? » « Réponds-moi ! » « Appelle-moi ce soir, on ne criera pas, j'essaierai d'être un peu plus forte. » Elle lui transmet des lettres de son père, de son oncle, de sa cousine, de tous ceux qui l'aiment. Les conversations, bouleversantes, durent des heures. Raphaël ne tue pas, dit-il : il n'a même pas fait son entraînement au combat ! Il a été embauché pour tourner des images de propagande, une sorte de djihad médiatique. Raphaël explique qu'il ne manie pas d'armes et que les bombes sont loin : « Je serai là en début de soirée Inch'Allah. Je vais faire voler le drone et prendre une vidéo », raconte-t-il. Ses proches lui conseillent d'être le plus discret possible au cas où il aurait un jour à répondre de ses actes devant un tribunal. Ils lui disent de n'apparaître sur aucune vidéo où il y aurait une arme ou un drone. Les discussions sont parfois anodines : de l'importance d'avoir ses vaccins à jour ou de la nécessité de manger des sardines ou de tout autre aliment contenant des Oméga 3, en passant par le citron et le thym, deux remèdes naturels contre le mal de gorge…

Avec ses copains, Raphaël partage une maison en Syrie. Il est déjà passé émir, un poste purement administratif. Il a son propre bureau avec un climatiseur. Le jeune homme a été recruté par l'État islamique pour ses compétences informatiques, pendant que Sabri, son ami de Lunel avec qui il a pris l'avion, a été chargé de la surveillance d'un checkpoint. À son père, le 28 septembre 2014, il écrit cette lettre :

« Papa,

Je n'ai jamais remis en cause tout ce que vous avez fait pour moi. Mes larmes coulent lorsque je pense à vous et lorsque je pense à tout ce que vous avez fait et ce que vous faites pour moi. Je n'oublie pas et je n'oublierai jamais l'amour avec lequel vous m'avez élevé et ce qui fait de moi un homme pour lequel tu as pu être fier ainsi que ceux qui nous entourent.

Je sais que tu as toujours voulu le mieux pour moi, qu'à chaque fois que nous avons pu avoir des échanges, c'était dans le but de me rendre meilleur, d'évoluer en bien. Et lorsque je pense à toutes les choses que tu as faites pour moi ainsi que pour tes proches, je ne peux qu'en témoigner un profond respect. J'ai toujours admiré ta patience face aux adversités, et ta robustesse qui m'a aidé à traverser des épreuves difficiles. Ton intelligence, ton altruisme, ta sincérité et ton empathie sont autant de choses qui on bâti mes fondations.

Les images et les souvenirs qui sont dans ma tête, de mon enfance à aujourd'hui, font vibrer mon cœur et ceci m'a porté et accompagné et continuera toujours de me transporter.

Les intentions et les efforts qui m'ont amené à faire ce départ n'ont pas changé et lorsque tu lis et relis la lettre que je vous ai envoyée, tu te rendras compte que ce que je fais est une noble cause. Il y a une grande différence entre ce que je fais et ce que tu entends aux informations. Il y a un gouffre entre la situation dans laquelle je vis, mon rapport à la population, mes activités et la vie de haine présentée par ce qui constitue les combattants en Syrie.

De plus, lorsque tu vis ce que vit la population, tu vois les choses d'un autre angle que quand tu vois ce qui se passe aux informations. J'ai certes fait le choix de me mettre en danger pour montrer au monde dans quelle situation peut vivre une population. Cette situation, je la partage aujourd'hui, car pour moi c'est un devoir pour les musulmans d'aider ceux qui sont oppressés et de rétablir les lois de l'islam qui appellent à la justice et à l'équité.

Bien que tu n'en sois pas convaincu, l'islam appelle à un grand nombre de valeurs dans lequelles j'ai été bercé par votre éducation. Maman pourra te confirmer pour l'avoir étudié et tu as pu voir également le changement que cela a pu avoir sur moi sans que j'aie besoin de rentrer dans les détails.

Je demande chaque jour à Dieu qu'il te guide et je pleure en espérant que tu t'en rendes compte et que tu prennes conscience que chaque messager a appelé au même message : le fait de reconnaître que notre créateur est unique et que nul n'est égal à lui.

J'espère aussi que nous arriverons à une solution afin de se voir et de passer des moments ensemble. Je suis toujours le fils que tu as aimé et j'espère que tu continueras à m'aimer. Je suis heureux d'avoir un père comme toi, avec tant de qualités, et sois témoin que je t'aime et que je me rappellerai toujours ce qui a constitué notre vie commune pendant les vingt-deux premières années de ma vie.

Raphaël qui t'aime »

Le jeune Raphaël, qui se filmait dans sa chambre ou son salon en jouant de la guitare, chantant des morceaux de Francis Cabrel – *Je t'aimais, je t'aime et je t'aimerai* –, de Jason Mraz – *Life is wonderful* –, ou de Gérald de Palmas – *Une seule vie* –, ne voit pas les morts qui l'entourent.

V

« Je peux vous égorger avec le sourire »

Raphaël Amar n'a pas réglé seul ses billets d'avion. Lancés sur ses traces par son père, les enquêteurs orientent leurs soupçons vers une association humanitaire locale créée en 2012, Oummatou Rahma, dont Raphaël a longtemps été le secrétaire. À l'origine, l'association avait pour but de récolter des fonds à Lunel pour construire des puits au Tchad. Elle serait rapidement devenue un nid de djihadistes. D'après des expertises bancaires, le président de l'association, un certain Mustapha, aurait avancé à Raphaël et son ami, Sabri, l'argent nécessaire pour se rendre en Turquie. L'homme est bien connu dans la communauté musulmane : informaticien de formation, il a conçu le site internet de la mosquée de Lunel. Le 30 juillet 2014, Raphaël, en Syrie depuis une dizaine de jours, discute avec Mustapha sur Skype : « On est en train de construire une ville attaquée depuis trois ans par le régime. On fait dawa[1] pour l'instant afin que la population s'habitue à nous et que l'on mette l'islam petit à petit. » Mustapha se réjouit, prend des nouvelles, lui demande de le rembourser dès qu'il en aura le temps, et lui explique vouloir dissoudre Oummatou Rahma au plus vite, craignant de ne plus pouvoir le faire par la suite. « Il reste que moi et mon beauf'. Si un de nous deux part (...) ça peut nous poser problème », lui dit-il. Outre Raphaël, un autre membre de l'association est en effet parti : Karim « Le Chinois », vice-trésorier d'Oummatou Rahma, est en Syrie depuis un an...

2014

Alors que Mustapha se cache, l'hémorragie se poursuit. Trois autres Lunellois partent au djihad à l'hiver 2014. Dans quelques semaines, ils seront une vingtaine. Certains conservent des attaches familiales via Skype et Facebook, d'autres préfèrent rompre les liens avec leurs proches. Yassine, un des derniers Lunellois à avoir quitté la France pour la Syrie, laisse ainsi derrière lui un fils et une femme, dont

1. Signification : inciter les non-musulmans à se convertir.

il a divorcé. Il s'était radicalisé en quelques semaines à peine avant son départ. Le jeune homme avait osé demander au juge un droit de visite et l'exercice de l'autorité parentale. Cela ne lui avait pas été accordé. « Je ne l'ai pas vraiment vu se radicaliser, se souvient Julie, une amie[1], qui tient à ce que l'on ne révèle pas son identité. Il buvait, faisait la fête, il lui arrivait de rentrer tard de boîte de nuit. Il disait parfois que sa fille n'aurait pas le droit d'avoir des nounous. On ne le prenait pas au sérieux. Il faisait le dépravé mais quand il était en famille, par contre, il faisait le bon petit muslim. » La jeune femme décrit une sorte de « secte », un « engrenage ». À Lunel, c'était une mode de dire : « On va aller aider les enfants là-bas en Syrie. » Comme nombre de ses amis, elle porte un jugement extrêmement dur sur ceux qui sont « partis là-bas » : « Pour moi, c'est de la déchéance humaine. Ce n'est pas compréhensible. Ils sont bêtes, ils font pleurer leurs familles. Ils meurent en martyrs. Dans quel but ? En Palestine, les morts n'ont rien changé. Ils ne pensent plus par eux-mêmes. »

1. Le prénom a été modifié. Entretien avec les auteurs, mai 2016.

Presque tous les jeunes qui ont quitté Lunel buvaient ou fumaient. « Ils se tuaient le cerveau, conclut l'ancienne lycéenne. Personnellement je n'ai jamais été approchée. Ils savent à qui s'en prendre, aux faibles d'esprit. S'ils voient un entourage solide, des parents sévères, ils n'y vont pas. Là-bas, les femmes sont traitées comme des bouts de viande. On leur donne trop d'importance à ces gens-là. Ils nous terrorisent rien qu'à les voir à la télé. Moi je regarde même plus les informations tellement j'ai peur. »

Comme les autres, le jeune Yassine semble torturé entre l'envie de fonder une famille, ici, en France, et la volonté de servir enfin à quelque chose, d'être utile en Syrie. Avant de partir, le jeune homme a vraiment voulu renouer avec son enfant. Mais très influençable, il a attendu d'être là-bas pour se rendre compte qu'il avait fait une bêtise. Trop tard pour revenir en arrière : « Je pense qu'il ne savait pas comment faire ou comment le dire », murmure un ami. Yassine était jovial et triste à la fois, avait coupé plusieurs fois les ponts avec ses parents. « Il avait du mal à avancer dans la vie, ça l'a rendu méchant. » Alors que le Lunellois postait régulièrement des photos de lui sur Internet, souriant et affable, Yassine a fini, comme les autres djihadistes sur place, à utiliser Facebook comme outil de propagande. En s'invitant sur sa nouvelle page, on le découvre désormais l'index en l'air, jamais bien loin de sa kalachnikov, avec en photo de profil un texte sur la guerre signé... Michel Onfray ! Contacté, Yassine[1] a refusé de nous parler de sa vie et ne nous a répondu que dans un long message justifiant son départ par la situation géopolitique au Moyen-Orient. Affirmant que l'information n'allait que dans un sens et que les médias occidentaux ne parlaient jamais des morts provoquées par la coalition, des hôpitaux, maternités et dépôts de médicaments bombardés, des bébés tués mais dont tout le monde se moque parce qu'ils « ne s'appellent pas Pierre, Paul ou Jacques ». « Si on devait appliquer la loi du talion, il y aurait tous les jours des attentats en France et vous les journalistes, vous ne faites pas votre travail correctement. Au contraire, vous êtes bien au courant et êtes complices de ce massacre (...) Vos enfants sont tués dans les attentats ? Nous, nos enfants sont tués partout dans le

1. Message daté du 2 septembre 2016.

monde depuis des années et personne ne fait des minutes de silence pour eux », nous écrit-il. « Écoutez, je ne souhaite pas parler de ma vie, ça ne regarde personne. Et surtout pas avec un journaliste : à part mentir, vous taire ou déformer la vérité, vous ne servez à rien. Si vous ou un de vos confrères souhaite faire un livre sur ce qui se passe ici ou voir de ses propres yeux ce que fait la coalition ici, il peut venir. Aucun mal ne lui sera fait. » Quelques jours plus tard, Yassine nous menace : « Vous ne savez rien sur moi et vous ne saurez jamais rien à part que je peux vous égorger avec le sourire. Sale chien va, mécréant. »

Marginalisés, fragiles psychologiquement, incapables de s'insérer dans la société, ces jeunes musulmans lunellois ont cru trouver dans le rigorisme un cadre dans lequel s'épanouir. L'islam radical ôte les doutes et les angoisses, trace une route droite et facile à suivre. On dit aux jeunes que là-bas, en Syrie, ils pourront accomplir de grandes choses, se marier, fonder une famille. La population syrienne asservie et opprimée a besoin de ses sauveurs. On vend aux jeunes une romance, ils veulent devenir des héros. Ils sont désespérés et ont peur de l'avenir. Le psychiatre

Boris Cyrulnik analyse le phénomène : les jeunes entrent dans un « délire logique », dit-il[1], et se coupent de la « réalité sensible ». On s'empare de leur psychisme, de leur « liberté intime », et ils deviennent « des naïfs exploités à mort ». « Ils bouillonnent, ça bouillonne de partout », poursuit le chercheur. Ils courent « l'amok (rage incontrôlable, Nda) sans raison valable. On n'est pas dans le monde du rationnel, on est dans le monde de la perte de régulation émotionnelle ». Les djihadistes lunellois n'échappent pas à la règle et vivent dans leur bulle. Mis sur écoute par la DGSI, un jeune de la ville, au téléphone avec un copain, s'enthousiasme : « Par rapport au nombre d'habitants et au nombre de départs en Syrie, Lunel, c'est la ville la mieux représentée au sein de l'État islamique ! »

1. Interview de Boris Cyrulnik, *L'Obs* n° 2684 du 14 au 20 avril 2016.

VI

Compagnes de djihadistes

Quelle plus belle preuve d'amour pour leurs époux, que de mettre au monde un enfant en terre d'islam, loin, très loin des *kuffar*[1] ? En février 2014, Hassia et Maëva, deux jeunes femmes d'une vingtaine d'années, sont déjà enceintes lorsqu'elles prennent le chemin de la Syrie, accompagnées de leurs maris, Anass et Houssem. La silhouette de la première commence tout juste à s'arrondir, la seconde va bientôt accoucher. Toutes deux ne sont pas très religieuses, encore moins pratiquantes. « Je ne vois pas en quoi Maëva, la femme d'Houssem, a aidé son bébé en partant là-bas », confie Dorothée[2], une ancienne lycéenne de Lunel

1. Mécréants.
2. Le prénom a été modifié.

qui a bien connu les deux jeunes femmes, et qui voit dans leur départ une « condamnation à mort de leurs gosses ». Ont-elles seulement conscience de l'endroit où elles se rendent ? Avant de partir, les couples font le plein de viandes halal et d'épices et s'équipent chez Decathlon. Des sacs à dos, des talkies-walkies, des vestes polaires, des lampes frontales, des gants, un réchaud, des sacs de couchage, etc. Tout le matériel nécessaire à un long séjour en camping !

Le périple s'annonce long pour la petite bande qui, pour des raisons de discrétion, ne veut pas emprunter la voie des airs. Les deux couples louent donc une grosse BMW auprès d'un concessionnaire de Nice et traversent l'Italie, la Grèce, la Turquie. À peine arrivées, Hassia et Maëva sont séparées de leurs maris et hébergées dans une petite villa à Azaz, en Syrie. Les hommes, eux, partent trois semaines au camp d'entraînement. Postés ensuite dans un petit local en haut duquel ils doivent surveiller la route, les Lunellois prennent leur tour de *ribat*[1] et se relaient toutes les heures. L'activité est éprouvante et réclame de la concentration

1. Tour de garde.

sous une chaleur parfois écrasante. Pour la première fois de leur vie, ils entendent résonner au loin des rafales de kalachnikov : « Un truc de taré ! » En discussion avec un copain de Lunel, Anass précise s'habituer à porter un « gilet avec quatre chargeurs pleins et une kalach pleine » et se dit heureux de comprendre enfin ce qu'est la vraie religion : « Y a des trucs, on est choqués. On se dit : non, c'est pas possible, t'as pas le droit de faire ça ! Mais en fait si ! Par exemple, le frère Mohammed Merah. Eh ben lui, Machallah, c'est un bon frère ![1] »

Quelques mois plus tard, en avril, Nadia, la femme de Karim « Le Chinois », gagne la Syrie à son tour. Karim se montre convaincant. Il fait le récit de sa future vie en terre d'islam, lui fait miroiter des maisons de « bourgeois » où elle pourra habiter, avec « piscine dehors » et « grand jardin ». Des appartements magnifiques et luxueux, dit-il. Il ajoute, hâbleur : « T'sais quoi ? Les villas de Miami et tout ça là ? Eh ben ça n'a rien à voir à côté ! » Au bout du fil, Nadia se laisse charmer. Ses parents ont

1. Interception de la Direction générale de la sécurité intérieure (DGSI).

peur qu'elle parte. Mais l'appel du *Cham* est trop fort. Nadia se renseigne. Au fait, ça coûte combien un niqab ? Et le taxi entre Gaziantep et la Syrie ? C'est cher le taxi ? Nadia s'envole en pleine nuit. Sa famille s'effondre. Deux jours après son départ, son frère l'appelle, furieux de toutes ces cachotteries : « Nadia, franchement, je sais pas ce qu'il t'arrive hein ! (…) Tout ce que je retiens, c'est que t'as menti à tout le monde. T'as pas été franche d'entrée de jeu. T'as dit des versions différentes à tout le monde. Maman, elle m'a dit que t'as juré sur le Coran que tu partais pas. T'as fait quoi ? T'es partie. » La jeune femme tergiverse. Doit-elle rentrer ? Elle ne se plaît pas tant que cela en Syrie, même si elle ne peut pas l'avouer. En plus, sa mère est malade ou fait semblant de l'être, elle ne sait pas trop. Elle pleure tellement, qu'elle a du mal au téléphone à comprendre ce qu'elle lui dit. Un jour, sa mère la renie, lui déclare qu'elle n'est plus sa fille. Le lendemain, elle la rappelle et la supplie de revenir, lui confie qu'elle ne peut pas vivre sans elle… Sous la pression familiale, Maëva, Hassia et Nadia prendront quelques mois de réflexion et se décideront finalement à rester. Il est de toute façon trop tard pour faire marche arrière, les frontières se referment. Les émirs locaux commencent à refuser les défections et à confisquer les papiers d'identité. Toute désertion remarquée vaut désormais la mort, la lapidation ou le fouet. Leurs proches ont de moins en moins de nouvelles, et se contentent des rares photos de leurs bébés qu'elles envoient à leur famille. Entre l'État islamique et la prison en France, Maëva, Hassia et Nadia ont choisi : ce sera la Syrie. Pendant des années, ces femmes ont bénéficié d'un biais de genre de la part des autorités, qui ne voyaient dans leur départ au djihad qu'une volonté de suivre leurs maris. Elles sont aujourd'hui traitées comme des terroristes, au même titre que leurs époux. Début 2017, le parquet de Paris a émis des mandats d'arrêt à leur encontre… Trois ans après leur départ !

Si des parents n'avaient pas eu le bon réflexe, il est probable que d'autres jeunes femmes auraient décidé de quitter Lunel, comme Émilie[1], la petite amie de Sabri Mosli, parti avec Raphaël Amar. En juillet 2014, l'adolescente se dispute avec sa mère, Agnès[2], et à la fin de leur prise de bec, finit par lâcher le morceau :

1. Le prénom a été modifié.
2. Idem.

« Si j'suis pas bien, c'est parce que mon mari est parti en Syrie. » Agnès ignorait tout de cette relation. Émilie lui raconte. Son petit ami, Sabri, dont le frère est déjà en Syrie, vient de lui faire ses adieux sur le quai de la gare. Juste avant de monter dans le train, il lui a dit : « Mourir en martyr est un honneur. » Ces derniers temps, il le répétait sans cesse comme un mantra, de l'air détaché qu'il prenait pour lui plaire. Émilie était fascinée. Alors depuis qu'il est parti, elle ressasse ses paroles et pense sans cesse à lui. Elle a même mis sa photo en fond d'écran de son smartphone. Il est là, beau et fringant dans son pantalon de treillis et sa tenue de combat, un foulard noir noué autour de la tête avec la *Chahada*, la profession de foi des musulmans, inscrite en blanc. Émilie est amoureuse. Agnès, elle, terrifiée. La mère ne lit pas l'arabe mais la photo sur le portable de sa fille parle d'elle-même, le montant hallucinant de la facture téléphonique également. Cette fois-ci, c'en est trop, une seule solution : les gendarmes. Comment faire pour s'assurer qu'Émilie ne puisse pas quitter la France ? leur demande-t-elle. Prendre une interdiction de sortie du territoire, répondent les képis. Si jamais Émilie tentait d'utiliser ses papiers d'identité pour passer la frontière, les autorités seraient mises immédiatement au courant et la jeune femme retenue à l'aéroport. Voilà qui est mieux que rien. Agnès, jamais trop prudente, prend tout de même la peine de confisquer le passeport de sa fille, qu'elle range soigneusement dans un coffre-fort dont elle seule détient la clé...

Mais Émilie ne baisse pas les bras, en rajoute, explique que face à un homme il faut baisser les yeux, et que bientôt tout le monde devra se convertir. L'adolescente conseille à sa mère de faire de même... Entre Émilie et sa famille, le conflit dure depuis deux ans, date de sa conversion à l'islam à la mosquée de Lunel. L'adolescente a arrêté de manger du porc en entrant au lycée. La sœur d'Émilie, grande « fêtarde », selon sa mère, ne lui parle presque plus. Son père, qui vit en Asie, a été très en colère en apprenant la nouvelle. Personne ne s'explique comment Émilie, jolie blonde coquette, parfois un peu trop maquillée, s'est mise soudainement à cacher son corps en portant des jupes longues et des blouses. Dans sa chambre, deux hijabs et un djilbab, qu'elle enfile de temps en temps, sont soigneusement pliés. Une métamorphose aussi rapide qu'inquiétante.

En 2013, Émilie était en maillot de bain à la plage, avec tous ses copains de Lunel. Deux ans plus tard, elle ne veut plus aller qu'à la piscine, et seulement avec ses copines. Aux agents de la DGSI qui l'interrogent, la mère d'Émilie tente de se raccrocher au moindre signe positif et fait part de son désarroi : « Je pense qu'elle est en voie de radicalisation. Ce qui me rassure, c'est que sa meilleure amie est protestante pratiquante. » Les policiers savent que cela ne veut pas dire grand-chose – Raphaël Amar, lui, est bien né d'une famille juive – mais ne veulent pas saper ses illusions. Alors Agnès persévère, choisit de garder le contact coûte que coûte, s'évertue à éviter le conflit de façon à ce que son enfant continue à se confier. Agnès voudrait comprendre : comment Émilie en est-elle arrivée là ? Elle qui avait pourtant pris soin d'élever ses petites dans la plus grande tolérance, refusant de les baptiser, estimant que, si elles voulaient s'engager dans la religion, ce serait à elles de choisir. Émilie a choisi et cela ne va pas dans le bon sens... Auditionnée par les services de renseignement, la jeune femme claironne : « Pour moi, ma pratique n'est pas stricte, mais pour ma mère, ça l'est. Je n'écoute pas de musique car c'est interdit. Les instruments de musique sont illicites. » L'adolescente ne sort plus en boîte de nuit, affirme être « pour » la charia – « ça ne me choque pas du tout » –, « pour » le djihad – légitimé selon elle, dans les textes –, et pour la polygamie – « c'est autorisé donc ça ne me pose pas de problème ». Émilie essaie autant que possible de ne pas se retrouver seule avec des hommes, et demande toujours l'autorisation à Sabri, depuis son départ en Syrie, avant de passer du temps en tête à tête avec certains garçons. Sa soumission lui paraît naturelle.

Devant les policiers ébahis, Émilie charme : « Sabri ne reviendra jamais et je ne compte pas aller en Syrie pour l'instant. Il me l'a demandé mais j'ai refusé, je ne peux pas vous dire pourquoi. J'ai quand même pensé à ma mère… Maintenant, je regrette. Si j'étais partie, j'aurais pu être dans un pays musulman (…) Si je meurs pour ma foi, ce n'est pas grave. Mourir en martyre ne me fait pas peur (…) J'irai au paradis. » Perplexes, les enquêteurs la sondent :

— Aimez-vous Allah plus que votre famille ?

— Oui, répond Émilie. Ma mère, elle le sait.

VII

L'intégration par le taureau

Des allées étroites blanchies par le soleil, des platanes centenaires, des petites maisons collées les unes aux autres qui semblent manquer d'air. Bienvenue à Lunel. Dans la petite ville de l'Hérault, on ne se souvient plus très bien comment tout a commencé. Les cris, les pleurs, les hordes de caméras plantées devant la mosquée. L'islamisme rampant puis galopant. La douleur des familles. Les annonces des premiers départs en Syrie. Pendant un temps, on s'est montré désinvolte. Après tout, cela ne touchait « que des petits Maghrébins », et puisque ceux-ci ne font que des conneries, « ça fait toujours un de moins ». Et puis tout d'un coup, Raphaël, un fils d'une famille juive respectée, part à l'été 2014 rejoindre ses « frères ». La digue est rompue. Le djihad ne touche pas seulement les jeunes en déshérence, mais aussi des adolescents instruits et bien insérés. La France a failli. Quelques mois durant, Lunel a bruissé des départs au djihad. Un souffle, puis plus rien. Le temps qu'un *Midi Libre*, avec son lot de bonnes et de mauvaises nouvelles, remplace l'édition de la veille sur les comptoirs en zinc des cafés, et Lunel s'était déjà replongé dans sa léthargie. Une hibernation au beau milieu de l'été. Dans le centre-ville que nous traversons, pas un bruit, le silence. Les Lunellois papotent doucement comme si le soleil tapait trop fort ou que l'apéritif de midi avait assommé son badaud. Sur le cours Gabriel-Péri, le seul vraiment fréquenté, les hommes sont attablés aux cafés. On y boit le pastis plutôt que le muscat local, peu prisé car trop sucré. « Alors, vous voyez, ça fait peur, hein, Lunel ? La vérité, c'est que la seule chose qu'on risque ici, c'est de mourir d'ennui », résume cyniquement un élu local.

Les Pescalunes ont toujours aimé « prendre le frais ». Dans le passé, les chaudes nuits d'été, nos parents sortaient des chaises devant chez eux et bavardaient avec les voisins, pendant que nous, gamins, faisions le tour du centre-ville en riant. Les anciens racontent cette époque où l'on prenait des verres dans la rue, la peau burinée par le soleil de la journée et les articulations endolories par le travail de la vigne. C'était dans les années 1950 et la décennie suivante, quand Lunel était un lieu de passage. Les cafés avaient des noms qui faisaient voyager : L'Univers, L'Embarcadère, Le Glacier ! Une belle artère qui menait de la gare à la ville, avec l'école des garçons Victor-Hugo d'un côté, et de l'autre, Marie-Curie, celle des filles. Les enfants des deux établissements se croisaient en prenant soin de s'ignorer : pas question de pactiser avec la gente féminine ! Notre hantise à nous, garçons, était d'être surpris par un copain en train de parler à une fille… Les deux écoles existent toujours mais sont devenues mixtes. Elles accueillent aujourd'hui – carte scolaire oblige – une majorité d'enfants du centre-ville, défavorisés et issus de l'immigration. Avant 1964, les mamans accouchaient chez elles avec une sage-femme qui a vu naître toute la commune. Puis la clinique des Platanes, une petite maternité située dans la même avenue que les deux écoles, a ouvert ses portes. On naissait ou non Pescalune, selon que l'accouchement se passait à Lunel ou dans une des grandes villes d'à côté. Depuis 2006, la clinique – trop coûteuse pour la collectivité – a fermé ses portes et a été transformée en appartements. On ne trouve plus aujourd'hui un enfant dont la carte d'identité porte la mention : « Né à Lunel ». Un drame pour le personnel qui, en un demi-siècle, avait aidé à mettre au monde quelque 7 000 enfants[1].

Dans ce vieux Lunel, il y avait des bouchers dans le centre-ville – « des vrais, c'est-à-dire pas halal », pestent les anciens –, des restaurants, des coiffeurs, une horlogerie-bijouterie, un armurier, des drogueries, un marchand de glaces et d'autres artisans encore. Il y avait le Gallia, club de football mythique et local, entraîné par le fameux Georges Peyroche qui gagnera deux coupes de France en 1982 et 1983 à la tête du PSG. Kader Ferhaoui, international algérien du début des années 1980, y sera formé avant d'être repéré par le club de la Paillade à Montpellier. Adolescents, nous jalousions cette jeune star de Lunel, qui avait intégré le centre de formation de ce club de division 2 si cher à Louis

1. « La seconde vie de la clinique des Platanes », *Midi Libre*, 1er février 2014.

Nicollin. Le Gallia est une icône : « À l'époque, les jeunes respectaient les dirigeants et les entraîneurs, constate un membre de l'encadrement de l'équipe. Aujourd'hui encore, ils s'arrêtent pour m'embrasser dans la rue. » Nostalgie aussi autour de la Boule Lunelloise et la Peña pescalune, cette fanfare joyeuse, que raconte Jean-François Menteyne, historien attitré de la ville, dans ses deux livres de photos jaunies[1]. À l'époque, la fête annuelle avait fière allure. C'était le temps de la bande à Loulou, gros fêtard devenu par la suite le boucher le plus populaire du coin. Le boucher de notre famille, aussi. Sa bande est restée dans la légende pour avoir fait le coup de poing avec les « roadies » (assistants techniques) de Johnny, lors du concert du chanteur, un soir de fête ! « Il y avait eu beaucoup de casse, se souvient Menteyne. Mais le maire avait payé la note rubis sur l'ongle. En compensation, nous avions organisé des quêtes dans les arènes destinées à l'hospice de la ville. » À la fin de sa carrière, Loulou était devenu tellement bavard et grognon qu'il avait installé des chaises dans sa boucherie pour faire patienter ses clients. Une

1. *Lunel*, Jean-François Menteyne, coll. « Mémoire en Images », Nouvelles Éditions Sutton.

véritable salle d'attente ! Un fort en gueule, ce Loulou, avec ses faux airs de Belmondo et ses yeux pétillants de malice, qui avait cru nécessaire d'installer devant sa vitrine un énorme cochon en plastique, pour répondre aux boucheries halal et à leur « mouton de l'Aïd »... Malade, il a définitivement fermé son commerce lorsque son commis a eu le nombre de points requis pour prendre sa retraite. « Une question de principe », nous confie-t-il, fidèle en amitié. Il n'a rien oublié de ces soirs de débauche où lui et sa bande posaient avec Michel Sardou, avant de faire les quatre cents coups dès la nuit tombée...

Avec l'embonpoint du retraité qui sait vivre, la peau tannée et une moustache à la Brassens, Jean-François Menteyne, rencontré à l'Intermarché des portes du soleil[1], où il dédicace son nouveau livre, regrette cette époque. « Tout est devenu trop sécurisé, trop aseptisé », dit-il. Même les « bious », comme on appelle ici le taureau cocardier qui court dans l'arène, ne sont plus ce qu'ils étaient : « Avant, on les attrapait et on les faisait rentrer dans les bars ou s'échapper dans les rues devant les touristes ébahis.

1. Intermarché de Lunel à l'entrée de la ville, 22 décembre 2016.

Aujourd'hui, on se contente de les regarder passer. » Les arènes, une fierté, une institution locale. Les plus grandes du canton, les plus difficiles aussi car ovales. Du coup, les « bious » peuvent s'y « tanquer » (rester) dans un coin plus facilement qu'ailleurs. Ce qui complique le jeu des raseteurs, les hommes en blanc qui, un crochet à la main, défient les bêtes à cornes. À Lunel, la construction des arènes remonte à 1861. Elles n'ont jamais cessé depuis d'être rénovées, agrandies, transformées, sous l'œil attentif des villageois.

Ici, contrairement à la corrida, le taureau n'est pas mis à mort mais hissé au rang de héros social vivant. On dit qu'il fait « carrière ». Il est affublé d'un nom qui se retrouve en caractères gras sur les affiches. Il remplit les colonnes du *Midi Libre*. On lui prête des qualités et des défauts. Les meilleures bêtes à cornes se voient dresser à leur mort une stèle ou ériger une statue ! Le public n'a pas autant d'égards pour les raseteurs. À ses yeux, ces derniers ne sont là que pour mettre en valeur le taureau et enlever les attributs – cocardes, glands, ficelles – accrochés autour des cornes. Ceux-ci gagnent néanmoins très bien leur vie, un raseteur pouvant espérer obtenir 2 000 euros lors des grandes courses. L'été, il y en a une tous les deux jours ! Depuis toujours, ils sont recrutés dans les couches sociales les plus défavorisées. Les immigrés espagnols, italiens et portugais connurent leurs heures de gloire. Puis ce fut le tour des fils de Maghrébins dont on dit aujourd'hui, selon l'expression locale, que ce sont eux qui ont « le plus faim ». « Il en faut (sous-entendu, des couilles, Nda) pour aller défier les forces noires dans l'arène », nous glisse un bon connaisseur.

Longtemps, la course camarguaise a été le meilleur facteur d'intégration du coin. Il y a trente ans, le premier raseteur beur, Mourad Bourmel dit « Morade », avait enlevé un « u » et ajouté un « e » à son prénom pour se faire mieux accepter des foules. L'homme ne déméritait jamais lors des apéros au pastis d'après course, passage obligé dans le parcours de tout bon aficionado. Depuis, les raseteurs viennent avec leurs coutumes et s'assimilent moins aux traditions locales. Certains d'entre eux, musulmans pratiquants, ne boivent pas d'alcool. Un affront ! C'est le cas de Mouloud Bensalah, ex-champion incontesté de la discipline, qui décrocha à deux reprises la Cocarde d'or, la plus prestigieuse des courses. En 1998 et 1999, il gagna également le Trophée des As. Une première et une petite révolution dans la course camarguaise, d'autant que Mouloud ne buvait pas une goutte de pastis et embrassait la main de Fatma avant de pénétrer dans l'arène… Jamais un raseteur avant lui n'avait subi autant d'insultes et de sifflets, certains organisateurs allant même jusqu'à refuser son inscription aux compétitions. Cela ne l'a jamais troublé. La soif de revanche, peut-être. « Plus j'entends de sifflets et d'insultes, plus ça me donne la rage pour gagner. Je me sens plus camarguais qu'eux, je connais mieux le taureau qu'eux », nous avait lancé le jeune homme frêle et déterminé, alors que nous l'avions interrogé pour un article paru dans *Le Figaro* en 1997. Mouloud n'avait pas encore gagné le fameux Trophée des As, qu'il affichait déjà son regard charbonneux et arrogant qui déplaisait tant à ses détracteurs.

Bientôt à Mouloud Bensalah succédera un autre raseteur beur, Sabri Allouani, élégant acrobate et funambule de l'arène. Surnommé le « Zinédine Zidane de la course camarguaise », Sabri survolera la discipline quinze longues années, entrecoupées par les blessures et la lassitude. « S'il n'y avait pas eu les taureaux, peut-être aurais-je mal tourné », nous affirmait-il[1] en 2002. Avec dix titres à son palmarès, Sabri Allouani, plus épargné par les moqueries que son prédécesseur, a sans doute fait davantage pour changer le regard des Pescalunes sur les descendants d'immigrés que n'importe quel élu de Lunel. Signe des temps qui changent, Mouloud Bensalah a été nommé en 2014 président des raseteurs et tourneurs. Un poste stratégique face aux éleveurs de taureaux et directeurs d'arènes… Pour autant, la course camarguaise est en perte de vitesse et la jeunesse de Lunel s'en désintéresse, la jugeant ringarde. L'intégration se joue désormais ailleurs que dans un tourbillon de sable et de fureur.

1. Numéro spécial pour les trente ans du journal *Le Point*, article de Jean-Michel Décugis.

VIII

Le Lunel du passé

Une année après l'autre, le vieux Lunel a disparu. Les cafés ont fermé. Les gens ont cessé de se promener dans le centre-ville. Lunel l'endormie ne s'est jamais réveillée. « Un djihadiste pour 1 000 habitants ? Nan, Lunel, ça a surtout été 27 cafés pour 27 000 habitants. Maintenant, y en a plus un d'ouvert en centre-ville le vendredi soir après 21 h 30. C'est mort. » Pascal Gomez[1], un quadragénaire avenant, grand sourire toujours accroché aux lèvres, fait carrière dans l'événementiel. À Lunel, où tout le monde l'appelle Paco, il est une figure incontournable de la vie locale. On le voit ici organiser une manifestation contre l'extrême droite et l'intolérance,

1. Entretien avec les auteurs, 8 septembre 2016.

là animer des soirées café-théâtre, là encore inviter tous ses copains autour d'une table sur le parvis de l'église, pour venir en aide aux plus démunis et leur proposer des plats chauds. Lui et ses copains bénévoles ont relancé « Poli-sons », une web-TV qui diffuse chaque semaine une émission d'une heure. Des invités viennent présenter leur nouvelle association et discutent initiatives de quartier, vie locale, politique. Chaque semaine, c'est le même rituel, et les gars se bousculent à l'antenne pour pouvoir lâcher quelques blagues, parfois couvertes par les fous rires de Gomez.

Pour Pascal, « Poli-sons » est l'exemple typique de ce que Lunel a perdu : « Des mecs qui se marrent. » L'animateur ne supporte plus ce « vivre-ensemble » dont tout le monde lui parle. Une rengaine incomprise. « C'est quand ça va pas qu'on se sent obligés d'en parler, explique-t-il. On est sans cesse contraints de se justifier par rapport à notre identité. Et les autres se sentent obligés de souligner qu'ils sont tolérants. On devait avoir des filtres à l'époque parce que vraiment, mes potes, je voyais pas la couleur de leur peau. » « Ils sont là depuis trois générations et on ne sait toujours pas comment les appeler », abonde François Got, un professeur à la retraite aujourd'hui bénévole au Mouvement contre le racisme et pour l'amitié entre les peuples (Mrap). Les Français, les Arabes, les Maghrébins ou les enfants issus de l'immigration ? La question a cela de difficile qu'on ne se la pose pas pour les Italiens ou les Espagnols. Le vocabulaire est un casse-tête. Aucun refuge contre les discriminations n'est trouvé dans les mots.

Les Maghrébins connaissent à Lunel une intégration difficile. Quand la fin de la guerre est proclamée en 1962, le village n'a pas le temps de célébrer ses soldats de retour que des milliers d'Algériens, contraints de fuir leur pays, leur emboîtent le pas. Les harkis d'abord, puis les autres. Roger Grouvel, ancien instituteur et mémoire des écoles lunelloises, connu de ses anciens élèves pour sa sévérité et sa tolérance, se souvient de cette époque. « Peut-être Lunel rappelait-elle aux Maghrébins ce qu'il y avait chez eux : le soleil, les allées avec les platanes, l'atmosphère méditerranéenne », s'amuse-t-il[1]. Toujours est-il que l'arrivée des pieds-noirs ne se passe pas très bien non plus : « Ils s'ima-

1. Entretien avec les auteurs, 18 avril 2016.

ginaient un peu qu'ils avaient tout vu, tout entendu, explique Roger Grouvel. Pour eux, on était des ploucs. Eux se voyaient comme des grands propriétaires fonciers. » Les petits paysans locaux ne peuvent pas résister. Les pieds-noirs rachètent les mas, emploient des immigrés et reproduisent à Lunel le système qu'ils avaient monté là-bas, en Algérie, avec de la main-d'œuvre bon marché. Les petits paysans d'ici n'osent pas ou ne peuvent pas investir pour rénover leurs vignobles et s'écroulent face à ces pionniers. Aujourd'hui encore, ces exploitants continuent à employer de la main-d'œuvre à bas prix, faisant appel à des sociétés de prestation souvent domiciliées en Espagne. Le droit du travail est ainsi contourné. Les employés agricoles ne sont cependant plus seulement des fils d'immigrés maghrébins mais aussi des travailleurs d'Amérique latine, des Péruviens et des Chiliens en grande majorité, qui n'ont parfois aucun papier.

Dans les années 1960 et 70, « l'école est plus sévère, exigeante pour tout le monde », assure Roger Grouvel. Beaucoup de jeunes immigrés ont du mal à se faire accepter par leurs camarades et ont des problèmes avec la langue, ce qui nécessite un peu de travail après les cours. Leur comportement est cependant irréprochable, les parents coopèrent avec les enseignants. Roger Grouvel se souvient qu'un soir, tard après l'école, un père était venu à pied jusqu'à chez lui et avait voulu lui remettre quelques francs parce qu'il était content que son fils travaille bien en soutien scolaire. « J'avais refusé, il était terriblement vexé. J'avais fini par accepter en lui disant : "Monsieur, je prends votre dîme. Mais elle ira dans les caisses de l'école !" » Les deux hommes s'étaient quittés bons copains. À l'époque, les tensions ne se cristallisaient pas autour des questions de laïcité. Les petits musulmans manquent un peu les cours pendant leurs fêtes, mais rien de flagrant et à la fin de l'Aïd, les mamans apportent des gâteaux pour la classe.

Ce n'est qu'à la fin des années 1970, début des années 80, que l'immigration va véritablement devenir un sujet de discussion. Les familles les plus pauvres, algériennes et marocaines surtout, en provenance du village de Tiflet au nord du pays, logées dans les exploitations agricoles ou dans des mas et à proximité des champs, s'installent dans le centre-ville, progressivement déserté par les Pescalunes. Contrairement aux idées en vogue dans les milieux identitaires, les familles originaires de Lunel ne sont pas chassées. Attirées par des maisons plus grandes avec jardin, ce sont elles qui choisissent de déménager, avant de louer leurs logements du centre-ville, exigus et peu aérés, à des familles d'immigrés qui s'y entassent. Et qui ne sont jamais parties. Kacem Abeka[1], quarante-cinq ans, cadre chez un grand opérateur téléphonique, fait partie de cette génération qui a grandi au début des années 1980. Lui aussi pense que le « vivre-ensemble » a été galvaudé : « Beaucoup d'associations tentent de faire des choses. Mais les goûters où on sert du thé à la menthe et les soirées couscous, ça va deux secondes les clichés ! » Arrivé en France en 1967, le père de Kacem trouve du travail en tant qu'ouvrier agricole puis chauffeur de camion, avant que ses proches le rejoignent en 1974 grâce au regroupement familial. La famille vit alors dans un minuscule deux pièces : une cuisine et une chambre au dernier étage de l'immeuble. Le logement est insalubre mais les frères et sœurs de Kacem n'y font pas attention et partagent avec tout l'immeuble la douche et les toilettes,

---

1. Entretien avec les auteurs, 9 septembre 2016.

installées au rez-de-chaussée. Lunel est alors gangrenée par les marchands de sommeil. Les pauvres côtoient des gens qui possèdent des maisons splendides. Certaines ont même des piscines. « Depuis nos petits appartements, qui étaient des fours, on entendait les échos des ploufs entre les murs ! observe Kacem. C'était vraiment quelque chose d'étrange : il y avait des personnes qui achetaient de très beaux appartements mais qui étaient mitoyens avec des taudis. Les deux populations ne se parlaient pas ou peu alors que, parfois, elles étaient sur le même palier et partageaient la même cour. »

Bientôt, des exploitants, dont on sait le vote acquis à l'extrême droite, achèteront d'anciens bus de la ville de Montpellier et ramasseront tous les matins les immigrés du centre-ville. Des travailleurs agricoles qu'ils feront trimer dans leurs champs en échange de quelques francs… « C'était complètement hypocrite, explique Kacem Abeka. Ces gens crachaient sur les immigrés mais se servaient de nous pour travailler à moindre frais. On savait ce qui se passait mais on avait besoin de cet argent. » En périphérie de la ville, les centres commerciaux poussent comme des champignons. Hormis les jours du marché, plus aucun Lunellois ne prend le temps de faire ses courses dans le centre, et ainsi dépérissent les commerces de proximité, mal desservis et trop coûteux. Les épiceries sont rachetées et remplacées par des commerces communautaires et halal. Les pauvres se replient sur eux, enfermés dans leur centre-ville que les anciens appellent désormais la « kasbah »... À l'extérieur, les Pescalunes s'isolent, dressent des murs de plus en plus haut entre leurs maisons. Des idéologues surfent sur la vague de rejet. En septembre 2011, est ainsi nommé au lycée Victor-Hugo un professeur de philosophie, ancien cadre... du Bloc identitaire ! L'enseignant, encore actif dans les sphères d'extrême droite et qui avait déjà connu des problèmes il y a quinze ans, sera finalement exfiltré par le rectorat quinze jours après la rentrée scolaire, suite à une bronca des syndicats et des parents d'élèves.

Mais les thèses racistes continuent à circuler. Notamment celles d'un penseur vénéré dans les sphères réactionnaires : Renaud Camus[1]. Le 26 novembre 2011, dans une

1. *Le Grand Remplacement*, Renaud Camus, Éditions David Reinharc, 2 novembre 2011.

conférence donnée à Lunel, l'idéologue assène ainsi : « Mesdames, messieurs, il est pour moi bien étrange de me retrouver à Lunel pour parler du grand remplacement car c'est précisément ici, il y a une quinzaine d'années, que le phénomène m'a frappé par la force de son évidence et que j'ai conçu l'expression, explique-t-il. (...) Aux fenêtres et sur les seuils de ces très vieilles maisons, le long de très vieilles rues, apparaissait presque exclusivement une population inédite en ces parages et qui par son costume, par son attitude, par sa langue même, semblait ne pas lui appartenir mais relever d'un autre peuple, d'une autre culture, d'une autre histoire. (...) Le grand remplacement, je l'ai ressenti pour la première fois à Lunel, dans l'Hérault, il y a au moins trois lustres de cela (...) en constatant un beau jour, stupéfait, que la population en une génération avait été entièrement changée, que ce n'était plus le même peuple aux fenêtres et sur les trottoirs, qu'un changement à vue était survenu, que sur les lieux mêmes de ma culture et de ma civilisation, je marchais dans une autre culture et une autre civilisation dont je ne savais pas encore qu'elles étaient décorées du beau nom trompeur de multiculturalisme. » Une théorie du « grand remplacement » chère à Jean-Marie Le Pen et qui va, année après année, infuser jusqu'à être banalisée…

IX

« Des Français de papier »

15 juillet 1982, 2 heures du matin. Nous arrivons en voiture à Lunel en compagnie de Philippe, un ami d'enfance. Tout juste majeurs, nous entendons profiter pleinement de nos premières autorisations de sortie en discothèque dans la station balnéaire de La Grande-Motte, au bord de la mer, et rentrons exceptionnellement tôt cette nuit-là, job étudiant oblige. Nous travaillons le matin comme receveurs au péage de Grand-Gallargues. La journée, avec les embouteillages du week-end du 14 juillet, s'annonce difficile. À Lunel, c'est la fête votive, mais nous n'avons pas prévu de nous y arrêter. La musique de bal, le pastis que l'on boit dans les jerricans en plastique, les maillots que l'on revêt pour marquer son appartenance à un bar, les bagarres

inéluctables entre bandes… Tout cela ne nous enchante guère. Cette nuit-là, le bal est au Pont-de-Vesse, le long du grand carrefour qui marque l'entrée de la ville. Mais à notre arrivée, l'orchestre ne joue plus. Des événements graves se sont produits. Nous sommes stoppés au carrefour. Un groupe de fêtards avinés avance vers notre véhicule en hurlant, derrière une barrière de sécurité métallique. « Un “bicot” a poignardé une fille, vocifère un type. On le cherche, c'est la chasse ! » De jeunes Lunellois courent dans tous les sens, armés de barres de fer et de bâtons. L'un d'entre eux exhibe fièrement son poing américain devant le pare-brise. Avec Philippe, nos regards se croisent. Sidérés, nous traversons Lunel sans échanger un mot, jusqu'à ce qu'un nouveau groupe armé de barres de fer traverse la route en poursuivant un « Arabe », entre le « Plateau », surnom donné à l'esplanade des arènes, et le cours Gabriel-Péri. Cette nuit-là, des Pescalunes ont sorti les armes. Comme ce patron de café aperçu avec un pistolet dans son short de football… Un ancien camarade de classe de primaire nous explique avoir sauvé un vieil immigré coincé dans une cabine téléphonique. Trois jeunes, dont l'un armé d'un tuyau d'échappement, menaçaient le vieillard. « J'ai reconnu l'un des agresseurs qui avait été dans ma classe, au collège, se souvient notre ami. Je suis intervenu en disant : qu'est-ce que tu fous là ? Tu ne vas quand même pas t'attaquer à ce vieux ! » L'immigré avait profité de l'altercation verbale pour se faire oublier...

Le lendemain matin, les rumeurs les plus folles traversent Lunel. On parle de gamins massacrés, d'une femme éventrée à la cité de la Roquette, de portes de maison saccagées, et même de familles immigrées agressées à leur domicile. Mais après la violence des affrontements qui se sont déroulés cette nuit de fête nationale, personne n'est capable de restituer le fil exact des événements. Une amnésie collective nourrie par la honte des uns et l'absence de culpabilité des autres. Des décennies plus tard, les archives départementales de l'Hérault ne gardent aucune trace de cette fameuse nuit, si ce n'est quelques brefs courriers de lecteurs publiés dans les pages locales du *Midi Libre*. Des textes aux relents parfois racistes[1]. Un obscur médecin

1. Consultation des archives départementales de l'Hérault.

de la ville s'appuie ainsi sur de prétendues statistiques pour développer une thèse pour le moins suspecte. « Des études parfaitement objectives » confirment que la présence dans une communauté d'un groupe ethnique est « parfaitement tolérée tant que ce groupe ne dépasse pas 5 % de la population globale. Les incidents apparaissent en général autour d'un seuil de 8 % et deviennent sérieux vers 10 % », croit-il savoir. Dans la même page, une mère de famille évoque le malaise face à l'immigration et s'étonne que des jeunes « originaires de Lunel depuis plusieurs générations » ne se sentent pas « tranquilles quand ils sortent seuls le soir ». « Est-ce normal ? interroge-t-elle. Le problème est sérieux. Il faut essayer de le résoudre sans tarder avant qu'un climat de haine ne s'installe chez nous. » Puis vient le tour du Front national, à qui le *Midi Libre* donne la parole avec toutes les précautions d'usage : « Les incidents de la semaine dernière ont remué beaucoup de passions. Après diverses libres opinions rapportées, la section du Front national de Lunel exprime à son tour son point de vue. » Le FN exige que « les immigrés coupables d'effractions soient immédiatement expulsés ». « Depuis que la gauche est au pouvoir, l'expulsion est impossible », écrit-il. Le débat est biaisé. Le parti d'extrême droite répand une version fausse, laissant penser que les immigrés seraient coupables. Et non victimes.

Trente-cinq ans plus tard, toujours mus par un profond sentiment de malaise à l'évocation de ces événements dramatiques, nous retrouvons au café Le Glacier l'une des victimes de cette nuit de terreur. Ali, un adolescent de quatorze ans, qui avait été pris par les pieds et lancé dans les flammes. L'homme approche aujourd'hui de la cinquantaine mais porte encore les stigmates de l'agression subie : une cicatrice qui remonte du bas du mollet jusqu'au milieu de la cuisse. Ancien garçon de café, Ali raconte avoir été jeté dans le barbecue géant prévu initialement pour une grillade de côtelettes. « Je sortais d'une course de nuit dans les arènes, deux gars me sont tombés dessus, m'ont attrapé par les mains et les jambes avant de me suspendre au-dessus du feu. Puis ils m'ont lâché dans les braises », explique-t-il. Un passant dont il ignore l'identité lui sauvera la vie en le retirant précipitamment du foyer. Ali se réfugiera alors dans un café où l'on appellera le SAMU. Direction l'hôpital, service des grands brûlés. Le short en satin rouge que portait Ali restera collé à sa peau. D'où la cicatrice trente-cinq ans plus tard. Les jours suivants, la mère d'Ali portera plainte. Un procès aura lieu dans l'indifférence absolue. L'audience se tiendra quelques mois plus tard, à minuit. Seul un des deux auteurs se présentera à la barre, l'autre n'ayant jamais été identifié. « Mon agresseur a nié toute connotation raciste à son geste. Pour se justifier il a prétexté que j'avais craché puis uriné sur les côtelettes. Un mensonge », selon Ali. Quelle sanction pour cet acte délictuel à connotation raciste ? Six mois de prison… avec sursis ! Une peine ridicule. Le condamné vit encore aujourd'hui dans un village près de Lunel. Il est cadre d'entreprise et un des dirigeants du club de rugby local. Désolant hasard, il s'agit d'un de nos copains de classe d'école primaire, « pescalune depuis onze générations », selon l'expression d'un de ses proches. Il n'a pas souhaité nous rencontrer. À Lunel, on a tendance à oublier le passé… « La peine paraît dérisoire aujourd'hui mais à l'époque ma mère était satisfaite », soutient Ali qui demeure pourtant marqué à vie par le drame. Aujourd'hui encore, il confie ne pas pouvoir regarder sa blessure. « N'ayons pas peur des mots, c'était une ratonnade, lance-t-il. Tout est parti d'un coup de couteau qu'un Arabe de Vauvert aurait asséné à un jeune de Lunel. Puis la ville a pris feu, et moi avec. »

Le fait divers marquera l'avenir politique de la ville. La « ratonnade » du 14 juillet 1982 sert de rampe de lancement au Front national de Lunel qui, associé à la droite traditionnelle, débarque à la mairie en 1983. L'extrême droite a alors une section locale d'une trentaine de membres, soit autant qu'à Nîmes. Impensable pour une ville de cette taille. Ces mois de haute tension, ce climat délétère entre la fête de l'été 1982 et les élections du printemps 1983, ont été racontés dans un documentaire amateur, réalisé par Jacques Choukroun, Alain Nénoff et François Mainguy. Dans ce film, *Bienvenue à Lunel*, on découvre deux campagnes politiques parallèles, une officielle et une officieuse, d'une violence extrême. Alain Boissonade, le leader communiste local, psychiatre de profession, est raillé par ses concurrents pour avoir embauché une femme de ménage marocaine, beaucoup plus jeune que lui et dont il aurait fait sa maîtresse. « Au début, ça a été des bruits, puis des rumeurs, et puis ça a été l'orage », témoigne une habitante. L'élu est désigné par ses opposants comme le « candidat des Arabes » et s'attire le mépris d'une bonne partie de la population totalement instrumentalisée. Les membres du Parti socialiste, eux, sont accusés par l'extrême droite de s'être tellement liés avec la communauté maghrébine qu'ils en seraient devenus musulmans eux-mêmes… Face caméra, Yvon Pellet, l'adjoint FN au maire RPR Henri Canitrot, fraîchement élu, explique sans ambages : « Le problème des immigrés est lié à toute élection. On ne peut pas le nier, le mettre de côté (…) Il faut dire que ce problème-là est crucial pour l'avenir de la France, du pays tout simplement. »

Pendant toute la campagne électorale, la tension est palpable. Le Front national accuse « ces gens » d'avoir « des mœurs totalement différents aux nôtres », quand les jeunes Maghrébins, interviewés par le réalisateur, déplorent n'être juste que « des Français de papier ». Une carte d'identité, et rien d'autre. Les Maghrébins disent refuser « le mode de vie des jeunes

Pescalunes » qu'ils réduisent, à peu de chose près, « à boire » : « Eux, ils vivent que pour ça, pour la fête (...) Si on était mélangés, peut-être que ça irait. Mais là on est à part. » Ils affirment ne fréquenter que très peu les bars de la ville où ils estiment ne pas être respectés par des serveurs qui font semblant de ne pas les voir. Des arguments inaudibles pour le FN, selon lequel les Maghrébins sont inassimilables car trop nombreux. « Ils sont venus s'agglutiner à Lunel dans on ne sait trop quelles conditions. » Et l'élu frontiste, cheveux noirs aux épaules et cigarette entre les doigts, de se gondoler grassement avec les copains devant la caméra : « On les fera pas tous partir. Quoi qu'on en dise, on n'est pas des nazis non plus ! »

X

L'abandon politique

Lunel n'est pas un cas isolé. À la même époque, la tension est très forte dans certaines villes de banlieue, où les crimes racistes se multiplient. Le 20 juin 1983, Toumi Djaïdja, président de SOS Avenir Minguettes, une association de la périphérie lyonnaise, est grièvement blessé par un policier. Le jeune homme s'est fait tirer dessus à bout portant, alors qu'il tentait de dégager un jeune des crocs d'un chien policier. Le président de SOS Avenir Minguettes en réchappe et se décide l'idée d'un grand rassemblement depuis son lit d'hôpital. Le 15 octobre 1983, une « Marche pour l'égalité » composée d'une trentaine de marcheurs s'élance de Marseille. L'Élysée veille attentivement sur le dossier. François Mitterrand est venu deux mois plus tôt à Vénissieux, rendre une visite à SOS Minguettes. Mais sa secrétaire d'État à l'immigration, Georgina Dufoix, qui souhaitait assister au départ du mouvement à Marseille, est recalée par les marcheurs, poussant le président de la République à surveiller lui-même ce mouvement à haut risque pour le pouvoir socialiste en place. La marche de 1983 ne peut pas se comprendre en dehors de l'arrivée de la gauche au pouvoir, en mai 1981, et qui suscita un grand espoir chez les enfants d'immigrés. Une vague d'espoir qui touche très vite ses limites avec les élections municipales de 1983 et la poussée de l'extrême droite.

En route, à travers la France, le nombre de marcheurs ne cesse de grossir. Et lorsque la marche, rebaptisée par les médias « marche des beurs », arrive à Paris, place de la Bastille, le 3 décembre 1983, plus de 100 000 personnes l'accueillent. La place est inondée de « petites mains », la fameuse main jaune de « Touche pas à mon pote », slogan de l'association SOS Racisme. François Mitterrand reçoit une délégation et annonce la création de la carte de résident de dix ans, qui ne fait pourtant pas partie des revendications de ces jeunes Français. Les marcheurs se retrouvent dépossédés de leur mouvement et retournent dans leurs cités. Les promesses du droit de vote des immigrés aux élections locales et l'abolition de la « double peine[1] » sont oubliées. La lutte contre l'immigration clandestine redevient très vite un objectif du gouvernement… Les marcheurs revendiquaient le « droit à l'égalité », SOS Racisme prône le « droit à la différence ». Un véritable hold-up idéologique. SOS Racisme devient un sous-marin du Parti socialiste. Les grands frères, revenus dans les quartiers, militent souvent au Parti socialiste ou au Parti communiste, plus rarement au RPR. Des partis traditionnels où ils servent surtout de caution et d'alibi. C'est l'époque des « beurs de service », selon l'expression consacrée. Les fils d'immigrés sont utilisés par les élus mais ils ne figurent jamais sur les listes en position éligible lors des élections municipales, cantonales ou régionales. On les instrumentalise. Plusieurs porte-parole de la Marche appellent

1. Lorsqu'un étranger est condamné par la justice, il peut être sanctionné d'une peine de prison mais également, à sa sortie de cellule, d'une interdiction de territoire.

alors à « un repli sur la base, à l'organisation autonome des habitants des quartiers issus de l'immigration, à la radicalisation sur une base communautaire », expliquent les chercheurs Stéphane Beaud et Olivier Masclet[1]. Ils ajoutent : « À l'opposé de la marche de 1983 qui posait en son principe la rencontre des adultes et des jeunes, des Français et des Maghrébins, du centre-ville et des quartiers, il s'agit désormais de défendre la base par la base. » Faut-il rappeler ici que le premier élu issu de l'immigration maghrébine est Farid Smahi, un ancien éducateur sportif de Boulogne-Billancourt, élu en 1998, au conseil régional d'Île-de-France sous l'étiquette... du FN ? Un véritable camouflet pour les associations antiracistes et les beaux parleurs prônant surtout l'intégration sur le papier. Longtemps, en réalité, les partis traditionnels n'ont pas su faire de place aux fils d'immigrés maghrébins. Les grands frères ont été cantonnés à leurs cités, marginalisés et isolés, à la tête d'associations qui périclitaient pendant que SOS Racisme percevait les plus grosses

1. Revue *Annales*, Éditions de l'EHESS, « Penser la crise des banlieues – Le contrat salam », 2006.

subventions. Chez certains jeunes désœuvrés, le braqueur ou le dealer devient un modèle et une référence. Il est celui qui est dans le business, roule en grosse cylindrée et distribue les liasses de billets. Bref, celui qui réussit et qui impose son mode de vie comme le seul véritablement viable.

Lunel, compte tenu de sa propre histoire, et du contexte social et économique difficile, ne déroge pas à la règle et rate le coche de l'intégration. Les hommes politiques locaux se déchirent. La gauche unie éructe contre une droite qui fait alliance avec le FN et exacerbe les « tensions xénophobes ». Cette même gauche s'autocensure et se ferme progressivement à double tour, refusant d'ouvrir la ville aux jeunes issus de l'immigration. « On a considéré que les Maghrébins qui venaient à Lunel étaient tout juste bons à cuire le méchoui. Aujourd'hui, ça nous pète à la gueule », assène Philippe Moissonnier, élu socialiste local. Claude Barral et Claude Arnaud – le premier de gauche et le second de droite – se succèdent à la mairie depuis trois décennies et règnent sans partage sur la vie lunelloise. Les « deux Claude », comme on les appelle ici, placent leurs hommes aux postes clés, empêchent le renouvellement de la classe politique et privent de représentation toute une partie de la population. Aussi le trombinoscope du conseil municipal affiche-t-il désespérément les mêmes visages blancs depuis trente ans. Et seul un Français issu de l'immigration, Noreddine Beniattou, semble avoir trouvé durablement une place dans le paysage politique local en s'imposant à la tête de la section PS de Lunel. Les autres personnalités maghrébines de la commune, elles, ne servent que de marchepied vers le pouvoir…

Au détour de nos pérégrinations dans Lunel, nous rencontrons Tahar Akermi, un animateur régulièrement propulsé à la une du *Midi Libre* pour son rôle auprès de la jeunesse. Originaire d'Algérie, entraîneur de boxe, président pendant des années de la Maison des jeunes et de la culture (MJC), avant que le maire ferme ses portes en 2015, Tahar est un petit homme tranquille et apaisé, une casquette toujours vissée sur la tête, et qui a la confiance de nombreuses familles lunelloises. C'est à lui que les pouvoirs publics font appel quand une situation s'envenime ou qu'un conflit dégénère.

Un rôle difficile pour Tahar, qui ne peut s'empêcher de s'agacer à l'idée de jouer sans arrêt les pompiers de service : « C'est très important pour les plus jeunes de voir que le "grand frère" franchit des paliers ? Eh bien moi, je suis le grand frère depuis vingt-cinq ans. Je ne cherche pas à porter auprès des jeunes un discours victimaire, je leur dis toujours qu'il faut qu'ils se bougent les fesses pour obtenir ce qu'ils veulent. Mais sur le fond, il y a un problème. À chaque élection, les candidats me veulent sur leur liste pour avoir des voix parce que je connais tout le monde. En revanche, on ne m'a jamais proposé un poste plus important en se disant : ce gars-là mérite de monter. » L'ascenseur républicain est en panne. Ni la droite ni la gauche n'ont su s'appuyer sur les élites issues de l'immigration. Ainsi Kacem Abeka, brillant ingénieur, qui a conçu sur ses propres deniers une application pour smartphone « Lunel Live » recensant tous les événements à ne pas rater sur la commune, n'est même pas soutenu par la municipalité. « Il y a toute une génération qui est restée sur le quai de la gare », reconnaît Philippe Moissonnier.

Les politiques développent une stratégie du « faire faire » indécente. La prévention, le vivre-ensemble, la lutte contre les discriminations et le racisme ? Tout est délégué aux associations qui manquent de subventions. Les tensions se cristallisent autour du football. La ville compte trois clubs, le Gallia, l'ASPTT et l'US Lunel, qui se livrent une concurrence acharnée. Le Gallia, le plus ancien de la ville, est vu par certains comme le seul club légitime. Fort de 344 licenciés et d'une vingtaine d'équipes, il affiche un budget de 160 000 euros, dont un tiers de subventions municipales. En face, l'ASPTT, club familial, et l'US Lunel, le club des quartiers, se partagent les miettes. Longtemps, le football a été le terrain de jeux d'un apartheid social : les Blancs au Gallia, les jeunes Maghrébins à l'US Lunel. Le premier décrit comme snob et sélectif, le second comme un club communautaire et replié sur lui-même. La réalité est évidemment plus contrastée. Si le Gallia fait passer des tests de niveau et n'accepte pas tous les joueurs, de nombreux gamins issus de l'immigration rejoignent chaque année ses rangs. L'US Lunel, quant à elle, fait un travail formidable dans les quartiers pour nouer du lien social, et joue un peu le rôle de club formateur.

Une anecdote illustre parfaitement la défiance qui existe entre les trois clubs. À la fin des années 2000, l'US Lunel est au plus mal, endettée de plusieurs milliers d'euros. Rachid Taïbi, agent de sécurité et passionné de foot, un bon vivant qui respire la joie de vivre, reprend alors le club, les huissiers collés à ses basques. « Nous avons commencé comme les Roumains, avec quatre ou cinq ballons pour tout le monde », plaisante-t-il, en évoquant sa première saison. Le club vit cependant une ascension fulgurante et monte si haut, que la suprématie du légendaire Gallia s'en trouve menacée. En 2015, l'US Lunel place ainsi son équipe seniors en PHB (deuxième division départementale), juste derrière le Gallia. Rachid s'attend à un coup de pouce financier de la part de la municipalité, en récompense de ses superbes performances. Claude Arnaud s'y oppose. Les conséquences sportives et morales de la décision du maire sont désastreuses. Étranglé financièrement, Rachid, qui ne peut plus suivre le rythme des dépenses, notamment d'arbitres, est contraint, la mort dans l'âme, de demander à la fédération la rétrogradation de son club. Tous les seniors, les très bons joueurs, ceux qui avaient un peu de ballon, s'en vont. « Ils ne comprenaient pas, relate Rachid. La mairie a paniqué. Elle a eu peur que l'équipe issue de l'immigration ne mange l'équipe traditionnelle d'ici. Les plus gros sponsors, ceux qui rapportent beaucoup d'argent, comme Veolia, misent sur le Gallia. Et nous, on se retrouve sans un rond. »

Les pouvoirs publics, craignant le communautarisme du club de Rachid, n'ont pas voulu le suivre financièrement. En 2016, grâce à des tombolas et des ventes de calendriers, l'animateur a tout de même réussi à emmener à Londres une quinzaine de gamins pour visiter Buckingham Palace et l'Emirates Stadium, le fief d'Arsenal. 75 % d'autofinancement et 25 % de subventions. À Pâques, un festival jeunesse a été organisé, lors duquel 150 enfants ont chanté la *Marseillaise* devant Hélène Geoffroy, la secrétaire d'État à la ville. Rien n'est fait, en revanche, pour créer des passerelles et du lien social entre les différentes structures associatives. Les politiques ne desserrent le cordon de leur bourse ou de leur réserve parlementaire que de temps en temps, et pour quelques milliers d'euros seulement. L'US Lunel et d'autres associations vivotent, fragilisées par les alternances politiques, et sont contraintes de mener une « danse du ventre »[1] permanente devant les pouvoirs publics. Des élus qui, bien conscients du réservoir à voix que constitue le tissu associatif, ne s'activent vraiment qu'en période électorale. Une politique opportuniste qui décrédibilise la chose publique, la transformant en une vulgaire machine à traire... Excédé que les autorités ne fassent pas mieux le tri entre les associations utiles à la société et celles « dont l'attachement aux valeurs de la République ne saute pas toujours aux yeux », un conseiller municipal d'opposition s'insurge : « Tout continue comme avant à Lunel. Le FN et les barbus peuvent dormir tranquilles. »

1. « Lunel Football Clubs », *Les Jours*, 17 juin 2016.

XI

De dangereux prédicateurs

Alors que sévit la guerre en Irak et au Proche-Orient, l'intégrisme religieux s'épanouit partout à Lunel, jusque dans les écoles où les professeurs entendent de plus en plus souvent des discours haineux contre les juifs. Nous sommes dans les années 1990. « Certains Lunellois étaient plus palestiniens que les Palestiniens », se souvient Kacem Abeka, alors étudiant. De nombreuses personnes se convertissent mais ne sont issues, en majorité, que d'un seul milieu social : les plus démunis, les plus défavorisés, les laissés-pour-compte. Une drôle d'époque où se côtoient dans les rues barbus et dealers de drogue, attirés par la situation géographique de Lunel, à mi-chemin entre Nîmes et Montpellier, terreau propice au prosélytisme religieux et à l'économie parallèle. Les marchands de drogue et les gourous y chassent les esprits faibles. « Je travaillais de nuit chez IBM. J'avais une Golf. Mes voisins, qui ne me voyaient jamais en journée, étaient certains que j'étais un trafiquant », plaisante Kacem. Le quadragénaire ironise mais les stupéfiants font des ravages. Les premiers go fast, des bolides bourrés de cannabis, remontent l'Espagne à toute allure à destination de la région. Des importations à la portée de tous, rendues possibles par l'ouverture de l'espace Schengen et les nouvelles technologies, en particulier le téléphone portable. « Nous avons vu les gamins des cités passer tout à coup du stade de simple revendeur à celui d'importateur, avec à la clef l'argent facile et le sentiment de toute-puissance », se souvient Fred, vieux flic de la PJ (police judiciaire). Le policier cite cette équipe de jeunes voyous de la région, partis à Marbella acheter pour la première fois du cannabis alors qu'ils étaient sous surveillance policière : « Ces apprentis n'avaient l'argent que pour acheter un ballot de 20 kilos de shit alors qu'on ne vendait sur place que des ballots de 30. Les grossistes ont dû leur retirer une partie de la marchandise. » Les petits dealers montent cependant très vite en puissance : « Six mois plus tard, nous avons serré la même équipe avec plus de six cents kilos ! » Les forces de l'ordre sont complètement dépassées. Lunel devient une plaque tournante de la drogue.

En 1995, l'épicentre du trafic se situe dans le café Le Camarguais, sur le cours Gabriel-Péri. Le gérant et plusieurs serveurs sont soupçonnés de prendre part au business. Livraison et revente s'y font en plein jour ou en soirée. Un véritable fléau pour les habitants, qui ne veulent pas admettre que leur ville est devenue une cache pour repris de justice. Lorsque nous racontons le phénomène en 1995 dans *Le Figaro*, les autorités locales nous accusent une fois encore de stigmatiser la ville. Le *Midi Libre* tempère notre enquête : « On peut parler de Lunel comme d'une ville moyenne où la drogue circule, relève le quotidien. Mais il n'est pas moins vrai de dire qu'il s'y déroule des manifestations regroupant des milliers de personnes (Carnaval, fête de juillet…) sans incident majeur. » Et le journal d'enfoncer le clou : « Quand on parle de trafic de stupéfiants, il n'est peut-être pas inutile de rappeler à quel point la semaine de prévention des toxicomanies a mobilisé toutes sortes de populations. » Quelques semaines plus tard, la brigade de recherche de la toute nouvelle compagnie de gendarmerie démantèle le réseau du café Le Camarguais. Deux mois d'enquête, 43 gendarmes mobilisés, 22 grammes d'héroïne, 39 grammes de cannabis saisis et six gardes à vue dont le gérant de l'établissement… Bref, un bon coup de pied dans la fourmilière, même si la quantité de drogue saisie n'est pas celle escomptée.

En France, le début des années 1990 est marqué par de spectaculaires émeutes dans les banlieues. Les Minguettes, Vaulx-en-Velin, Mantes-la-Jolie… Des violences qui annoncent le début de la politique de la ville et la création d'un ministère entièrement dédié à la tâche. S'y succéderont à sa tête Michel Delebarre puis l'homme d'affaires Bernard Tapie. Lunel, elle, est épargnée. Les trafiquants, trop soucieux de leur tranquillité, s'occupent de maintenir l'ordre pour éviter les interventions de la police. Mais en 1997, un sordide fait divers lié au trafic de drogue défraye la chronique. Le corps sans vie d'Azouz, un dealer de shit de vingt-deux ans, est découvert au petit matin, par un moniteur d'auto-école, dans le fossé d'un chemin de campagne. Le cadavre, traîné sur plus de 200 mètres, a été lardé de 108 coups de couteau et la voiture du mort, constellée de sang, est découverte dans le parking d'une cité. Les enquêteurs orientent leurs soupçons vers ses fournisseurs, les deux dernières personnes à l'avoir vu, semble-t-il, en vie : Abderrahim el Jabri et Abdelkader Azzimani, une trentaine d'années, deux grossistes bien connus des services de police. Les suspects, qui crient leur innocence, sont incarcérés. L'enquête, bâclée, repose sur la foi d'un seul homme qui dit les avoir reconnus sur la scène du crime. Un témoignage bourré d'invraisemblances. Cela n'empêche pas les deux suspects d'être condamnés à vingt ans de prison par deux cours d'assises différentes. La première fois pour homicide, la seconde pour « complicité d'homicide », signe que la justice doute mais ne rompt pas.

À l'époque, les jurés suivent par deux fois le réquisitoire de l'avocat général Michel Legrand, un ancien magistrat du pôle antiterroriste de Paris. Mais les dealers, depuis leur cellule, continuent à hurler au scandale, et leur famille s'assure les services du détective privé Roger-Marc Moreau, l'enquêteur qui a relancé l'affaire Omar Raddad.

Sous la pression, l'avocat général Michel Legrand finit par recevoir la sœur d'un des deux hommes et se met lui aussi à douter de la culpabilité des deux trafiquants. Nous contactons le magistrat qui reconnaît, dans une interview publiée par le magazine *Le Point*[1] en septembre 2007, qu'il n'est plus très sûr de lui. « Je suis troublé (...) Il est de mon devoir de faire la lumière sur cette affaire qui garde de nombreuses zones d'ombre », confie-t-il. Un avocat général qui requiert par deux fois une peine de prison extrêmement lourde avant de faire marche arrière toute : du jamais vu !

Le magistrat demande au nom du parquet de Montpellier un complément d'enquête. Un nouveau juge d'instruction est nommé. Et il faudra attendre 2011 pour que les deux condamnés soient enfin blanchis, après respectivement plus de onze ans et treize ans passés derrière les barreaux, et un combat acharné pour faire entendre leur innocence. L'ADN, retrouvé sur le corps de la victime, qui n'avait pu être analysé à l'époque, a

---

1. « Les doutes d'un avocat général », *Le Point*, 6 septembre 2007.

finalement « parlé » grâce aux progrès de la science. Et a renvoyé à l'empreinte génétique d'un manutentionnaire condamné peu de temps auparavant pour trafic de stupéfiant. En garde à vue, l'employé ne tarde pas à dénoncer un complice : un directeur de centre de loisirs de Lunel, âgé de trente-deux ans, marié et père de deux enfants. Stupéfaction et malaise au sein de la communauté maghrébine. À l'époque des faits, l'homme d'origine marocaine avait présenté ses condoléances à la famille de la victime, puis avait eu la charge plus tard dans son centre de loisirs de deux enfants de l'un des condamnés… Un crime crapuleux ayant pour mobile le vol de cinq kilos de cannabis détenus par la victime. El Jabri et Azzimani sont définitivement mis hors de cause[1]. L'affaire de Lunel figure au palmarès des plus grandes erreurs judiciaires françaises.

Si nous l'évoquons ici, c'est parce que l'atrocité du meurtre d'Azouz marque un coup d'arrêt, dans la région, au trafic d'envergure. La médiatisation du dossier, voulue

1. « Les coupables étaient trop parfaits », *Le Point*, 18 juin 2012.

par les avocats de la défense, pousse les autorités à se pencher sur cette petite bourgade de Camargue qui affiche, en terme de délinquance, les mêmes signaux alarmants que les cités sensibles de Montpellier. La focalisation des pouvoirs publics sur la délinquance et le trafic de drogue masque cependant un autre problème de la ville : l'islam radical. À l'époque, Lunel n'a pas de mosquée mais une salle de prière qui déborde, située juste derrière la mairie, rue Boutonnet. Des prêcheurs s'y pressent et abordent les jeunes dans la rue dans une indifférence quasi générale. Les barbus apparaissent comme des pacificateurs. Ils combattent l'échec scolaire, font la morale aux dealers et aux consommateurs de drogue. Mais tout le monde ignore le contenu réel de leurs prêches. Vingt ans plus tard, une plongée dans les archives des services de renseignement nous permet de comprendre à quel point le problème de l'islam radical n'est pas né avec la vingtaine de jeunes partis faire le djihad… Selon une note blanche de la Direction générale de la sécurité intérieure (DGSI), les radicaux lunellois se rattachent en effet dès les années 1990 au Hizb ut-Tahrir, un parti islamiste tunisien qui prône la charia et l'instauration du califat. Les services spécialisés soupçonnent un noyau dur d'une dizaine de Lunellois, pour la plupart des artisans et des maçons, d'apporter des fonds au GIA et à des nébuleuses inscrites sur la liste des organisations terroristes internationales... Toujours selon la DGSI, la filiation des Lunellois au parti islamiste tunisien s'achève en 2006, avec la venue en Camargue d'Abou Muhad, cadre du Hizb ut-Tahrir en Allemagne. Les Renseignements généraux (RG), qui ne disposent pas des moyens technologiques d'aujourd'hui, manquent cependant d'éléments pour prouver la dangerosité des radicaux de Lunel et permettre de les envoyer en prison. Les services vont alors concentrer tous leurs efforts sur deux éléments qu'ils estiment moteurs de la mouvance islamiste locale. Et vont tout faire, avec plus ou moins de succès, pour les expulser administrativement du territoire en dehors de toute procédure judiciaire...

La première cible, Nouar Karoune, est un imam algérien, soupçonné de répandre son idéologie à Lunel et dans les quartiers chauds de Montpellier, identifié très tôt par la Direction de la surveillance du territoire (DST) comme sympathisant du Groupe salafiste pour la prédication et le combat (GSPC[1]). Dans les années 1990, la cellule formée autour de lui est ainsi considérée comme l'une des plus actives de France. Expulsé *manu militari* pour ses prêches virulents, Nouar Karoune reviendra mystérieusement en France quelques années plus tard. Il vit aujourd'hui à Montpellier où il[2] a été assigné à résidence dans le cadre de l'état d'urgence. Jusqu'en 2015, le religieux avait encore ses entrées à Lunel, mais également à la salle de prière d'Agde[3], où il tenait les prêches du mardi et du vendredi soir, avant que son fils prenne le relais.

La deuxième cible des services s'appelle Mohammed el Idrissi, imam officiel de Lunel au milieu des années 1990, marié et père de quatre enfants. Passé par les salles de prière de Marseille, el Idrissi débarque à Lunel où il est rapidement remarqué par sa pratique rigoriste : « L'imam Idrissi, je m'en souviendrai toujours, concède une mère de famille.

1. Groupe terroriste algérien devenu en 2007 Al-Qaïda au Maghreb islamique (Aqmi).

2. Malgré de nombreux appels et une visite physique à son appartement, Nouar Karoune n'a jamais voulu nous rencontrer.

3. « La salle de prière ouvre ses portes pour apaiser », *Midi Libre,* édition de Béziers, vendredi 18 décembre 2015.

Quand on allait le voir, petits, accompagnés de nos parents, il nous paraissait toujours très impressionnant. Non seulement sa femme était entièrement voilée, mais en plus pour aller à la mosquée, il prenait une voiture, et en commandait une deuxième pour transporter séparément sa femme (...) Aujourd'hui, c'est une pratique répandue. Ça ne l'était pas à l'époque. » Alerté dès mars 1994, le préfet de l'Hérault refuse le renouvellement du titre de séjour de Mohammed el Idrissi et ordonne son expulsion, sur la base d'un rapport de la gendarmerie et du travail de surveillance effectué par les Renseignements généraux. L'imam est soupçonné de tenir des prêches particulièrement violents à Lunel, appelant notamment ses fidèles à combattre les non-pratiquants hostiles à l'islam. Pour des raisons procédurales, l'imam finit par gagner devant le Conseil d'État, et, comme Nouar Karoune, revient sur le territoire français au début des années 2000. La France a parfaitement identifié deux menaces sur son territoire, mais est incapable de les en éloigner...

Cette fois-ci, cependant, les autorités ne lâchent rien. L'imam el Idrissi, qui s'est fait trop remarquer dans l'Hérault pour pouvoir y habiter à nouveau, quitte Lunel et s'installe à Toulon. Les services de renseignement le suivent à la trace. Entre 2007 et 2009, des espions sont chargés, chaque vendredi, d'infiltrer la mosquée et de retranscrire ses sermons les plus virulents. Le discours de l'imam est terrifiant[1]. Ainsi lâche-t-il en clôture de la prière, le 9 novembre 2007 : « Que Dieu nous protège des ennemis français et américains. » Le vendredi 1er février 2008, devant 250 fidèles : « Si une jeune femme épouse un juif ou un chrétien, elle doit être immédiatement reniée par ses parents, la communauté et l'islam dans sa globalité. » Le 26 septembre 2008, devant un auditoire de 500 personnes : « Nos enfants et particulièrement nos filles ne nous demandent plus les conditions pour être de bonnes musulmanes et mériter le paradis. Elles nous demandent en revanche des cigarettes et du rouge à lèvres. Voyez l'état de décadence de l'Occident. » Le 24 octobre 2008, devant une assistance chauffée à blanc : « Ô croyants ! Battez-vous

1. Note blanche de l'Unité de coordination de la lutte antiterroriste (Uclat), 2009.

pour que vos épouses et vos enfants se protègent de ces deux boutons de pus que sont la France et l'Amérique qui vous envoient tout droit vers les flammes de l'enfer. » Et ainsi de suite jusqu'au 15 janvier 2009... Ce jour-là, après avoir demandé à plusieurs reprises aux fidèles d'interdire la « télévision européenne » aux jeunes femmes, et après avoir réclamé qu'elles « portent le voile, et cela dès leur plus jeune âge », Mohammed el Idrissi légitime les « frappes de Ben Laden ». Dans une dernière saillie – celle de trop – l'imam de Toulon harangue la foule : « Chers frères musulmans, n'oubliez pas que les intérêts, le RMI, les allocations familiales sont des mesures que les juifs veulent pour mieux nous endormir et nous assujettir... » L'imam est définitivement expulsé du territoire. Le Conseil d'État n'y trouve rien à redire.

L'histoire de Nouar Karoune et Mohammed el Idrissi interroge. Alors que les deux hommes sont parfaitement identifiés et considérés comme nuisibles pour nos jeunes, ils peuvent, des années 1990 à aujourd'hui, se maintenir sur notre territoire. Et répandre en toute impunité leur fiel... Il faudra attendre les attentats de *Charlie Hebdo* en janvier 2015 et ceux du « 13 novembre » pour que la France se dote enfin de moyens réellement coercitifs contre ceux qui rejettent les valeurs de notre pays.

XII

La naissance de la mosquée El Baraka

Au début des années 1980, à Lunel, les jeunes d'origine maghrébine ne sont pas pratiquants mais revendiquent le droit de culte pour leurs parents. La religion, « ça nous branche pas, disent-ils. Mais nos pères, eux, ont besoin d'un lieu pour prier »[1]. Pour des raisons diamétralement opposées, les responsables de gauche comme de droite n'y sont pas favorables. « Ma position est claire, explique en 1983 Alain Boissonade, élu communiste local[2]. Personnellement, je suis athée. Je suis marxiste, matérialiste, et tolérant. Il me semble très important que toute personne engagée

---

1. *Bienvenue à Lunel*, documentaire de Jacques Choukroun, Alain Nénoff et François Mainguy.
2. Idem.

dans une confession et dans une foi puisse exercer son culte. Nous avons une église, un temple, une population chrétienne catholique, une population protestante. Et nous avons des centaines et des centaines de personnes qui sont de confession musulmane et qui ne peuvent pas baptiser leurs enfants, enterrer leurs morts selon leurs rites. Je trouve ça parfaitement illogique, anormal, et à la limite scandaleux. Est-ce pour autant à la municipalité de construire un lieu de culte ? Je dis non. » Le Front national lunellois, lui, ne veut pas entrer dans le débat, estimant qu'il est impossible, en France, d'intégrer plusieurs religions à notre modèle de vie en société.

Un refus catégorique dont se servira la frange la plus radicale de la communauté religieuse lunelloise pour noyauter une partie des jeunes. En 1989, lorsque s'ouvre juste derrière la mairie la petite salle de prière de la rue Boutonnet, l'association qui la gère est aussitôt prise en main par le Tabligh. Un mouvement venu d'Inde et qui, selon le chercheur Gilles Kepel[1], joue un « rôle important » dans la réislamisa-

1. *Terreur dans l'Hexagone, Genèse du djihad français*, Gilles Kepel, Gallimard, 2015.

tion des banlieues françaises. À Lunel, soutient le politologue, « les adeptes du Tabligh vont récupérer les drogués qui se piquent dans le parc Jean-Hugo, au centre-ville, et s'emploient à les sortir de leur addiction en leur faisant retrouver une identité musulmane rigoriste qui corsète leur existence ». La méthode est efficace. Le nombre de fidèles augmente. Empêtrés dans la petite délinquance, les petits frères des « beurs » cherchent à se racheter auprès de leur famille et trouvent refuge et apaisement dans l'islam. Beaucoup décident de s'engager dans la vie des associations musulmanes qui s'implantent dans les zones urbaines sensibles. Et qui recrutent leurs ouailles non seulement chez les jeunes de cité mais aussi parmi les bons élèves, lycéens et étudiants, souvent de formation scientifique. L'islam apparaît dans les banlieues comme un substitut attractif au militantisme politique auquel les jeunes issus de l'immigration ne croient plus. Les jeunes femmes se voilent. Certaines par convictions religieuses pour créer un lien avec le divin. D'autres par choix, considérant leur foulard comme un moyen d'émancipation face à un ordre social jugé raciste. Les dernières, enfin, parce qu'elles subissent les pressions de leur communauté. Leur voile défend leur réputation et les protège du sexisme des garçons.

Sabrina[1], une quadragénaire à forte personnalité, qui travaille aujourd'hui dans le monde de l'enseignement, se souvient de son adolescence à Lunel. Elle a vu les pratiques se raidir et les communautés se replier sur elles-mêmes :

« À vingt-cinq ans, j'ai connu des gens qui sont partis en Afghanistan et au Pakistan. Les barbes poussaient, la tenue vestimentaire changeait », nous raconte-t-elle. C'est la période « BCBG », décrite par le sociologue Fahrad Khosrokhavar[2] : Barbe, Chapelet, Bâtonnet de siwak, Gandoura pour les hommes et voile pour les femmes. « Une nouvelle façon de se mettre en scène physiquement, spirituellement et verbalement qui se construit dans une société qui ne les a, selon eux, jamais acceptés et reconnus », complète le chercheur Moussa Khedimellah[3]. Sabrina explique pourtant avoir eu, comme ses petits camarades,

---

1. Le prénom a été modifié.

2. F. Khosrokhavar, « L'identité voilée », *Confluences Méditerranée*, n° 16, 1995-96.

3. Mémoire de D.E.A, « Des ténèbres de la foi à la lumière, la Jama'a Tabligh en Lorraine », Écoles des hautes études en sciences sociales, Paris, septembre 1999.

des « parents ultra-modérés ». Tous les enfants allaient à la cantine, musulmans ou non. La religion était cantonnée aux murs de la maison. Et d'un seul coup, tout a changé. Au collège Frédéric-Mistral de Lunel, les petites sont arrivées voilées de plus en plus tôt. En classe de troisième d'abord, puis en quatrième et même en cinquième. Des gamins se convertissaient dans des cours à la mosquée. Nous sommes alors dans les années 2000. « Il y avait des associations de type sectaire, avec des foulards de différentes couleurs selon la hiérarchie », explique Sabrina. Des « filles du palais » ou *Qabîsyât* comme les appelaient à l'époque les salafistes, qui les considéraient comme une secte locale. Ces jeunes femmes, très implantées dans l'Hérault, se réunissaient plusieurs fois par semaine à Montpellier autour d'une sorte de grande prêtresse venue de Syrie. Les débutantes devaient porter des foulards blancs et obtenaient des tissus gris ou bleu en fonction de leur avancement au sein du groupe. On trouve encore aujourd'hui sur Internet des fatwa émises à leur encontre.

Peu à peu se développe à Lunel un islam qui se décomplexe, s'affiche, provoque. Mais surtout, s'impose… Deux groupes apparaissent :

les voilées et les non-voilées. Même les familles harkies reviennent à la religion pour mieux s'intégrer. Se crée alors une sorte d'apartheid, une fracture alimentée d'un côté par le profond ressentiment de certains musulmans à l'encontre des Français, et de l'autre par une méfiance malsaine des Lunellois de toujours. Les pouvoirs publics ferment les yeux et se défilent. Claude Barral, maire socialiste de Lunel depuis 1989, ne veut pas attaquer de plein fouet un électorat – la population d'origine immigrée – qui l'a aidé à prendre les clés de la mairie. « Il faut aussi comprendre que quand j'étais maire, le premier problème n'était pas l'islam, c'était la drogue, s'agace-t-il[1] aujourd'hui. Il y avait des petits dealers partout. On aurait dû rentrer dans le lard de tous ces jeunes cons. Mais j'avais une forme de naïveté gauchiste qui était malheureusement la réalité de l'époque. » Barral développe le tissu associatif mais ne voit pas les communautarismes nocifs qui naissent devant ses yeux. L'opposition l'accuse de clientélisme électoral auprès des associations des quartiers qui rameutent du monde devant les urnes. « Bar-

1. Entretien avec les auteurs, avril 2016.

ral s'est beaucoup servi des Maghrébins pour avoir des voix mais n'en a jamais fait monter un », tacle un opposant. Le maire règne en souverain et s'accroche à son siège, pris en tenaille entre une droite extrême et une communauté musulmane de plus en plus revendicative. Jusqu'à sa chute, brutale, en 1998. Cette année-là, la presse déterre un vieux rapport de la chambre régionale de la Cour des comptes resté secret jusqu'ici. Le document détaille les conditions dans lesquelles Claude Barral a été grassement rémunéré en 1987 pour écrire une étude sur « les conséquences de l'aménagement de la rivière du Vidourle sur les populations de moustiques »[1]. La Cour des comptes ne s'explique pas comment Claude Barral a obtenu le contrat, lui qui siégeait au conseil d'administration de l'organisme chargé de trouver un prestataire... Entre les lignes, elle suspecte un éventuel conflit d'intérêts. Surtout l'étude, après deux ans de travail, est de piètre qualité, truffée de fautes d'orthographe et ne fait que... douze pages. Le maire, à la crédibilité sérieusement écornée,

1. La dissertation de « M. Moustique », *Le Figaro*, 26 mai 1998.

hérite d'un joli surnom trouvé par l'opposition : « Monsieur Moustique ».

Aux élections municipales de 2001, Barral ne peut pas lutter et s'incline face à Claude Arnaud, expert-comptable de profession et tenant d'une droite conservatrice et identitaire. C'est paradoxalement sous son règne que sera prise la décision de construire une mosquée : « Je venais d'être élu. Je me suis dit : si les Lunellois voient ça, les prières de rue et tout ça, je suis mort[1]. J'ai dit : je suis prêt à vous aider pour trouver un terrain, mais nous ne financerons rien. » Le maire pose trois conditions : « Pas de minaret, un imam qui parle français – ça n'a pas été respecté – et pas de prêche en faveur de la guerre sainte – ça n'a pas été respecté non plus. » Arnaud a perdu la bataille et n'a pas bronché... Sabrina, qui éduque ses enfants dans le respect absolu du principe de laïcité, assure : « Pendant la quête pour construire la mosquée, des mecs passaient à la maison mais ne voulaient pas me parler. Ils ne voulaient s'adresser qu'aux hommes. En l'occurrence, mon père. » Pendant trois ans, une pétition circulera pour que l'édifice religieux

1. Entretien avec les auteurs, septembre 2016.

ne voie jamais le jour. En vain. La mosquée El Baraka sort de terre en 2006 et est inaugurée en octobre 2010 en présence du conseil municipal. Elle est financée par des dons et des entrepreneurs, des maçons et des artisans musulmans qui mettent la main à la pâte sur leur temps libre. Coût total ? Un million d'euros[1] ! La mosquée est grandiose : 1 100 m^2 de superficie où se rassemblent chaque vendredi 800 hommes et 300 femmes regroupées dans une magnifique mezzanine. La salle de prière occupe la moitié de l'espace et a été décorée de figures géométriques tracées à la main dans le plâtre.

Le vendredi, la mosquée affiche complet. Installée en pleine zone commerciale, elle ne gêne pas les édiles. Depuis le parking, on distingue, à quelques dizaines de mètres dans le ciel, le panneau rouge vif d'un restaurant Quick 100 % halal. Très rapidement, des élus s'interrogent : le lieu de culte n'est-il pas surdimensionné par rapport à la taille de la communauté lunelloise ? De fait, des fidèles arrivent de toutes

---

1. « L'enseignement de l'islam dans les écoles coraniques, les institutions de formation islamique et les écoles privées », IISMM, Lydie Fournier, juillet 2010.

les communes alentour. Tabligh, Frères musulmans, Participation et spiritualité musulmanes (PSM), Union des organisations islamiques de France (UOIF), etc. De nombreux courants, souvent conservateurs, sont représentés, et les pouvoirs publics craignent que l'association qui gère le lieu de culte n'ait pas les épaules assez larges pour intégrer en son sein toutes les générations et pratiques religieuses. L'imam ne parle guère autre chose que l'arabe et a parfois du mal à se faire comprendre des jeunes. Le problème est générationnel : « Les différents présidents ont un rapport très particulier avec la France, assure Jamel Abdelkader, directeur d'auto-école et ancien porte-parole de la mosquée. Ils viennent du bled, ne connaissent pas les problèmes auxquels est confronté un jeune d'aujourd'hui issu de l'immigration : la drogue, le positionnement dans la société, etc. » Entre l'hôtel de ville et les instances religieuses, le dialogue est inexistant. Claude Arnaud soupire : « La première chose que m'a demandée l'imam quand il est arrivé, c'est un logement social. Je lui ai répondu : "Commencez par me le demander en français, et on verra ce que je peux faire..." »

XIII

À l'école de la religion

La République aurait-elle jeté l'éponge ? Dans les années 1980, le consulat du Maroc détachait des professeurs d'arabe deux fois par semaine à l'école Victor-Hugo. L'école prêtait ses locaux et les enfants passaient une certification de niveau, ce qui leur garantissait d'acquérir des bases solides et utiles. Une démarche intelligente. Mais au nom de la laïcité, l'État a décidé que l'école n'avait pas à se prêter à ce genre d'exercices. Résultat, les parents se sont mis à envoyer leurs enfants à la mosquée. « Sauf que là-bas, on n'y apprenait pas l'arabe mais des sourates du Coran. Et tout le centre-ville y amenait ses gamins », déplore une mère musulmane de Lunel. Au début des années 2000, l'encadrement laisse à désirer. La professeure est une Européenne convertie qui tient des discours « ultra-antisémites et antijournalistes », ajoute-t-elle. Plusieurs familles s'inquiètent. Les responsables religieux décident donc de créer une *Madrassa*, une véritable école coranique, mieux structurée et mieux contrôlée. Elle prend forme en 2008, au moment où l'on érige les murs de la future mosquée El Baraka. Des cours de langue arabe et de coran y sont dispensés. Le schéma est celui d'une classe ordinaire : des référents pédagogiques, des cahiers de notes et de correspondance avec les parents. « L'assiduité et le comportement des élèves » sont notés ! relève dans ses travaux de recherche Lydie Fournier[1], docteur en sciences politiques. Chaque enfant s'acquitte de dix euros par mois, une somme versée dans les caisses de l'association qui gère la mosquée. Un emploi du temps est fixé, lequel répartit les heures de cours dans la vingtaine de classes non mixtes – les garçons d'un côté, les filles de l'autre – recensées en 2009. Impressionnée, la chercheuse écrit : l'école coranique de Lunel est « une initiative unique au niveau régional ».

Unique, mais surtout critiquée. Les ensei-

1. Citée précédemment.

gnants, dont plusieurs sont des convertis, ne maîtrisent pas toujours parfaitement la religion et la langue arabe. Presque aucun d'entre eux ne sont des professionnels de l'éducation. L'école coranique s'appuie sur une quinzaine de professeurs bénévoles pour encadrer environ 320 enfants, et vante volontiers son indépendance vis-à-vis des organisations nationales, alors que plusieurs responsables confessent être proches des autorités marocaines... D'après Lydie Fournier, l'objectif est clairement « de maintenir le lien avec le pays d'origine ». Philippe Moissonnier, élu socialiste, soupire : « On a des centaines de gamins là-bas et personne pour contrôler la qualité des cours qui sont donnés ! C'est délirant. » Et ce d'autant plus que la taille de la mosquée de Lunel la transforme vite, selon le politologue Gilles Kepel[1], en un « terrain de prosélytisme exceptionnel ». Le mouvement Tabligh – qui ne fait pas de politique et ne prône pas d'action violente – est bientôt dépassé par d'autres courants plus sectaires. Les prédicateurs ne se risquent pas à monter à la chaire trop visible de l'imam, mais rassemblent les plus influençables fidèles

1. Voir infra.

aux quatre coins de la mosquée et dispensent leur poison à l'abri des oreilles indiscrètes. Des attroupements officieux très difficiles à contrôler en raison de la foule qui y pénètre chaque jour. C'est ici que les premiers « marchands de morts », comme les appelle le député En Marche ! de Lunel Patrick Vignal[1], encourageront les esprits les plus faibles à prendre les armes en Syrie.

Les responsables religieux se défendent ardemment d'avoir laissé faire les prêcheurs sous leurs yeux, bien que le site internet de la mosquée de Lunel regorge pourtant de sermons intolérants et conservateurs, d'aucuns diraient fanatiques. Ainsi, sur l'enfantement, peut-on lire : « La multiplication des cas d'avortement, de refus de reconnaissance de paternité, d'enfants abandonnés ou illégitimes est le produit des libertés présumées, de l'imitation folle de l'Occident et de son exemple (...) Qu'adviendra-t-il d'une société où l'atmosphère générale est polluée par les chansons, les danses, les films et les modes pornographiques ? » Un autre prêche, lui aussi

1. Entretien avec les auteurs, Assemblée nationale, décembre 2016.

disponible en ligne et qui porte sur la mixité, n'est guère plus réjouissant : « La généralisation, sous prétexte de l'amitié innocente, de la mixité dans les écoles, les universités, les lieux de travail et les foyers, a conduit à la propagation de l'immoralité et du mal. » Vue plusieurs milliers de fois sur le site internet de la mosquée, cette homélie fait frémir : « [Les] médias valorisent les effrontés ou ceux qui incitent à la débauche (...) au point que certains se sont mis à se vanter d'avoir commis l'adultère et que les pulsions sexuelles sont devenues une littérature et un art ! (...) Il n'est guère surprenant, dès lors, de voir le sida, la syphilis et la gonorrhée ainsi que d'autres maladies mortelles se propager en tant que punition d'Allah contre ceux qui ont agi avec indulgence et complaisance vis-à-vis de cette obscénité. » Et l'auteur du texte de fustiger les homosexuels : « Il y a parmi les jeunes imberbes certains qui sont plus beaux que les femmes et qui, par conséquent, exercent plus de tentation... Les anomalies dans ce domaine ne manquent pas. Elles sont devenues même si nombreuses et si répandues que l'insolence et l'effronterie se sont tellement développées chez certains qu'ils en sont venus à réclamer la légalisation de l'homosexualité et du lesbianisme. »

Comment de tels pamphlets se sont-ils retrouvés sur le site internet de la mosquée de Lunel ? Qui les y a mis ? Philippe Moissonnier s'emporte : « Ils sont dans la religion à un point... C'est inimaginable. Je suis terrifié. Beaucoup de gens tiennent un double langage. Les jeunes qui ont des envies de djihad restent dans la mosquée jusqu'à 2 heures du matin et on me dit que la mosquée n'est en rien responsable de tout ça ? » Alors que dans leurs propres villages, les radicaux sont souvent ostracisés, ils trouvent à Lunel un lieu où s'exprimer. Des réunions, que les jeunes appellent des « Assises », sont organisées le soir entre les fidèles les plus impliqués. Courant 2013, un renseignement très inquiétant remonte ainsi dans les plus hautes sphères du ministère de l'Intérieur : « Des jeunes organisent des soirées pro-djihad au sein même de la mosquée et regardent des exactions sur leur ordinateur »[1], avertit une source du renseignement territorial. Dans une autre note classée

1. Note blanche de la Direction générale de la sécurité intérieure (DGSI).

confidentiel-défense, le Service départemental d'information générale de l'Hérault (SDIG 34) s'alarme à son tour : « Le service a été informé du départ de plusieurs musulmans de la commune de Lunel vers la Syrie dans le but d'apporter une "aide ou un soutien" à des groupes djihadistes. Si pour l'heure certains sont déjà annoncés comme partis dans ces zones à risque, d'autres déclarent publiquement leur volonté de soutien à des groupes rebelles, tout en programmant un séjour en Syrie. Cette multiplication de sympathisants lunellois au djihadisme laisse perplexe les responsables religieux, d'autant que la rumeur persistante fait état de la présence d'un recruteur d'origine syrienne (non identifié) dans les rues de leur commune. » Dans l'indifférence générale, Karim « Le Chinois », Hamza « Coran », Abdel « Le Légionnaire » et leurs épouses ont quitté la France. La situation s'envenime.

XIV

Une histoire d'amour fraternelle

Alors que tous ses amis ou presque sont partis faire le djihad, il en est un, à Lunel, qui n'a jamais pu quitter la France. Non pas qu'il n'en ait pas l'envie, le jeune homme vit pour le *Cham*, cette contrée qui englobe la Syrie et les pays alentour (Palestine, Liban, Jordanie, etc.), et considérée comme une terre sainte où doit être appliqué l'islam des origines. Chaque jour, Hamza compte les morts, observe les lignes de front évoluer depuis son écran d'ordinateur, s'enthousiasme d'une victoire de l'EI ou d'un discours de guerre. De tous les Lunellois djihadistes, il est sans doute le plus réfléchi et le plus informé. Le plus radicalisé, aussi. C'est lui qui fait circuler les revendications d'attentats ou les vidéos d'exactions. Lui encore qui transmet par email, Facebook, WhatsApp, Skype ou sms le nom des « savants » à écouter et les hadiths à suivre. Les enquêteurs estiment qu'il est l'un des hommes les plus influents du radicalisme lunellois. Hamza Mosli, vingt-huit ans, un grand costaud au visage avenant, carrure carrée et lunettes sur le nez, diplômé en comptabilité, a pourtant tout perdu en Syrie… En 2013 et 2014 ses frères y sont partis. Ses amis, aussi. D'abord proche du Tabligh, puis des Frères musulmans, Hamza se rapproche du salafisme à vingt ans. Au chômage, malgré des études supérieures et plusieurs formations financées par Pôle Emploi, le jeune homme se dit victime d'une discrimination liée à son origine. « Tous les élèves de son BTS ont trouvé du travail. Seul Hamza et un autre de ses copains n'en ont pas eu. Et comme par hasard, c'étaient les deux seuls Arabes de la classe », s'indigne son père, Mohamed. Au chômage puis au RSA, Hamza passe tout son temps libre sur Internet et y rencontre virtuellement quelques-uns des recruteurs djihadistes les plus influents des années 2010. Parmi eux, Mourad Fares, bras droit d'Omar Diaby[1], lequel revendique des

1. « Omar Omsen, le djihadiste français qu'on croyait mort, est bien vivant », Complément d'enquête, France 2, 29 mai 2016.

dizaines de départs de jeunes Français en Syrie. Hamza est convaincu de la nécessité du djihad armé contre les troupes de Bachar al-Assad. Mais alors que tous ses proches le pressent de venir les rejoindre, lui préfère rester en France. « Pas tout de suite, répond-il régulièrement à ses amis. Je compte [venir], Inch'Allah. Mais pas tout de suite. »

En réalité, malgré ses fanfaronnades au téléphone et sur les réseaux sociaux, Hamza Mosli n'a jamais eu la force de partir. Ce n'était jamais le bon moment : une formation en cours, un mariage à préparer, la douleur que causerait à son père le départ de son troisième et dernier fils en Syrie. À de très nombreuses reprises, Houssem, son frère, tente de l'enrôler. « Les gars, je vous conseille de vous dépêcher, lui enjoint-il. Il faut te motiver pour venir ici. Fais ton choix, mon frère, parce que je m'inquiète pour toi par rapport à ça[1]. » À chaque fois, Hamza élude :

— Et les frères, ils sont en forme ou quoi ? demande-t-il.

— Ouais, tranquille, lui répond son frère. Ils

1. Interceptions téléphoniques de la Direction générale de la sécurité intérieure (DGSI).

sortent du camp d'entraînement. Ils mangent comme des morfales !

Pour l'attirer, Houssem évoque un coin si beau à côté de l'Euphrate qu'on dirait « des calanques ». « L'eau est turquoise », dit-il. « Encore mieux » que Cassis ! Mais Hamza a peur. Pour lui, d'abord. Pour ses frères ensuite, qui sont déjà au combat. À un ami, il fait cette confidence : « J'ai pas envie de recevoir une mauvaise nouvelle et de devoir l'annoncer à mon père, tu vois ? Je peux pas... C'est toujours euh... Un peu la peur de perdre son frère. Après, je sais très bien que s'il tombe shahid[1], c'est bien, tu vois ? C'est une victoire. » Semblant tiraillé entre ses croyances religieuses et l'amour qu'il porte à sa famille, Hamza tergiverse et se retrouve, au printemps 2014, dans une situation inextricable. Son frère Houssem et Karim « Le Chinois », un de ses meilleurs amis, combattent dans deux groupes ennemis. Le premier fait partie de l'État islamique en Irak et au Levant (EIIL), le second appartient à l'Armée de Mohammed, qui dépend du Front al-Nosra. Les groupes

1. Shahid : martyr.

djihadistes se font la guerre et ne sont pas unis face à Bachar al-Assad… Hamza est déchiré en découvrant que des proches du même quartier puissent s'entre-tuer. L'idée lui est insupportable.

Il va donc devenir une sorte de consultant géopolitique, une vigie du web. De sa tour de contrôle, derrière son ordinateur et sur Twitter, Hamza voit tout, le moindre soulèvement, le moindre bombardement. Le jeune homme se fixe un objectif : faire en sorte que Karim « Le Chinois » et Houssem se retrouvent ensemble au sein de l'État islamique en Irak et au Levant. Là, ils seront à l'abri. Hamza ne perd jamais une occasion de sortir son téléphone : « Houssem voudrait que tu viennes avec lui, que tu le rejoignes. Il s'inquiète pour toi, dit-il un jour à Karim. Moi j'ai les boules, j'veux pas… Je préfère que tu sois avec mon frère. J'aimerais pas un jour, zarma, y a un problème et vous vous retrouvez dans le camp opposé, tu vois ? Ce serait vraiment un problème. » Devant les réticences de Karim, qui affirme que l'EIIL a mauvaise réputation, Hamza vante ses charmes : « C'est un truc de malade ! Ce qui se passe, c'est un tournant. Jamais des moudjahidines ont été aussi armés, aussi organisés. » Jour après jour, Hamza continue sa petite entreprise de persuasion : « Tu sais Karim, t'as des vagues d'allégeances dans le monde entier à la dawla[1]. (…) Que ce soit les shebab de Somalie, Al-Qaïda en Maghreb islamique, que ce soit même en Malaisie ou à Jérusalem, le groupe qui combat à Israël, ils ont prêté allégeance. C'est pas rien ce qui se passe en ce moment. C'est pas rien ! Moi j'te dis, tu devrais aller voir par toi-même et ne pas écouter ce qui se dit (…) J'ai une vue plus générale sur ce qui se passe dans le monde. Alors que toi, t'es pas sur Internet, tu sais pas ce qui se passe. Moi je peux te le dire (…) Si tu veux voir quels musulmans sont les plus vertueux, regarde vers qui se dirigent les flèches des mécréants. Aujourd'hui mon frère, si tout le monde est contre eux, c'est pas pour rien (…) La dawla, ils sont dans le haqq[2] ! » Reste un problème de taille : comment faire pour que Karim rejoigne Houssem à Raqqa sans se faire décapiter pour désertion ? Le chemin est extrêmement risqué. Karim a des problèmes pour passer les frontières, doit donner des gages aux contrôles

1. État islamique en arabe.
2. Signification en arabe : le vrai, le juste.

et trouver des bonnes excuses pour déjouer leur vigilance. Hamza lui indique la route, le met en contact avec son frère, lui conseille de ne pas « s'aventurer dans des endroits chelous ». « Franchement, fais gaffe. Sois discret Karim ! » Quelques semaines plus tard, le djihadiste parvient à rejoindre son ami Houssem au sein de l'État islamique… S'ils meurent, au moins mourront-ils ensemble, se console Hamza. Accusé par la justice française d'avoir permis à Karim « Le Chinois » de rejoindre un groupe terroriste, poursuivi pour association de malfaiteurs, Hamza se défend, il a agi par amour. « Pour lui sauver la vie[1]. »

1. Audition par la DGSI, janvier 2015.

XV

Exactions lunelloises

La proclamation du califat par Abou Bakr al-Baghdadi, le 29 juin 2014 au premier jour du ramadan, entraîne une vague d'adhésions sans précédent à l'État islamique. Des milliers de djihadistes, venus des quatre coins du monde, se massent aux frontières pour pénétrer dans le territoire contrôlé par l'EI[1]. Un enthousiasme qui trouve un écho considérable à Lunel. Depuis des semaines, Hamza Mosli, bien renseigné par ses proches en Syrie et en Irak, attendait la nouvelle et guettait la première apparition publique du calife. Ce 6 juillet 2014, à peine son discours est-il publié sur

1. Selon un djihadiste interviewé par le journaliste David Thomson (*Les Revenants*, *op. cit.*), l'EI aurait enregistré plusieurs centaines d'arrivées par jour juste après la proclamation du califat.

YouTube, que lui et ses copains se précipitent pour le visionner. « Il a un charisme de fou, se félicitent-ils. Il a la classe (...) Il ressemble physiquement au Prophète. » Au téléphone, Hamza ne cache pas sa joie : « Faut vraiment qu'on y aille ! lance-t-il à un ami (...) Mon frère m'a dit qu'on ratait trop de choses ! » Les djihadistes ne combattent plus pour rétablir le califat mais pour l'étendre. Sur le terrain, les victoires s'enchaînent. Son frère, Houssem, se vante d'avoir fait 5 000 dollars de *ghanima*[1] en deux jours en combattant en Irak. « Il m'a dit qu'il a éclaté la tête d'un mec, relate Hamza. Il a mis une balle dans la tête d'un chiite. Sa tête, elle s'est fendue en deux. » L'euphorie est telle que le jeune homme ne semble plus se rendre compte de la violence de ses mots. Houssem, lui, est ravi. Son épouse, Maëva, a accouché, et vit dans une petite maison. Il songe désormais sérieusement à prendre une deuxième femme : « J'en cherche. Si t'en connais une, vas-y ramène. »

L'aventure lunelloise connaît son apogée avec l'arrivée inespérée en Syrie, en juillet 2014, du petit frère de Houssem, Sabri,

1. Butin de guerre.

et de Raphaël Amar, qui se fait désormais appeler par sa *kunya*[1] : Abou Ayoub. Nul ne s'attendait à les voir débarquer ici, eux qui n'avaient mis personne dans la confidence, pas même Hamza, qui avait pourtant prévu de faire de Raphaël son témoin de mariage… « J'ai fait le petit cachottier, reconnaît Raphaël au téléphone, mais je n'avais pas le choix. Et en même temps c'était pour te préserver, car au moins par rapport à mes parents, comme ça tu ne savais vraiment rien. » Depuis le départ du jeune homme à la mi-juillet, le père de Raphaël a porté plainte pour endoctrinement sectaire, via son avocat, Me Phung. Et s'est mis en tête de dénoncer l'inertie des autorités face à certains recruteurs et prêcheurs de haine… Mais en quelques jours à peine, Abou Ayoub a pris du galon. L'État islamique perçoit sa valeur. Sans doute son intelligence, largement au-dessus de la moyenne des djihadistes sur zone, lui a-t-elle permis d'échapper aux tâches ingrates habituellement dévolues aux Français. Chargé des plannings et de

1. Les djihadistes prennent un nom de guerre que l'on appelle « kunya ».

l'organisation des tâches ménagères, Raphaël n'a pas, comme ses amis, à partir au combat ou à prendre des tours de garde. Cela suscite des jalousies : « C'est un émir. Il est devenu riche. Il abuse de ses pouvoirs contre nous. Il nous fait galérer », plaisante Sabri lors d'une discussion du 17 août 2014, après s'être plaint de s'être « fait piquer par tous les moustiques du monde », pendant que Raphaël était tranquillement dans son bureau climatisé !

Et Sabri, au téléphone avec son frère Hamza, de raconter une « scène d'exécution » à laquelle il dit avoir assisté avec Raphaël : « Première exécution de Deir ez-Zor, explique-t-il. Ils ont mis la charia. C'était un mec qui travaillait avec l'armée de Bachar. Ils l'ont allumé d'une balle dans la tête devant tout le monde (...) Ils étaient choqués les gens. Après ils les ont crucifiés et ils les ont laissés là pendant deux jours.

— Raphaël, il a pas dû kiffer, réagit Hamza. Il est un peu hippie peace and love ! »

Quelques jours après son arrivée, Abou Ayoub ne semble toujours pas avoir réalisé que l'EI n'est pas amour et paix, mais laisse derrière lui viols, exécutions et charniers.

Alors que la conversation entre Hamza et Sabri se poursuit sur des sujets plus anodins, Raphaël réagit d'une voix lointaine à quelques mètres du combiné : « Franchement, c'est une vie fantastique ! » Abou Ayoub a-t-il effacé Raphaël ? A-t-il oublié le jeune homme sensible qu'il était, lui que son oncle avait pourtant prévenu dans une missive datée du 8 août et restée sans réponse ?

SANS ADIEUX
On y est.
Le pas a été franchi.
Ce même pas que tu disais toi-même ne jamais vouloir franchir... Tu l'as désormais franchi.
Tu as donné ta pièce d'or à Caron (pour toi il s'appelle Ousein) qui t'a fait traverser le Styx, ce fleuve mythique qui sépare le monde des vivants de celui des morts.
Car à n'en pas douter, il faut bien que nous nous fassions à cette idée, le Raphaël que nous avons connu, celui que nous avons aimé, n'est désormais plus de ce monde.
Frappé d'amnésie sur ses origines, il a abandonné jusqu'à son nom, quitté sa terre natale, effacé toutes traces de sa vie antérieure, et renié tous ceux qui lui ont offert une vie aimante, digne et honorable.
Qu'il faut peu s'aimer soi-même pour être

capable, en si peu de temps, de renoncer à tout ce qui nous a intégralement constitué jusque-là !

Et quelles sortes de foi, quelles espèces de croyances ou d'idéologies aberrantes méritent qu'on sacrifie autant d'un seul coup, comme si rien de tout cela n'avait existé ?!

Crois-tu ainsi renaître des cendres d'un passé auquel tu viens de mettre le feu, sans du même coup trahir ton cœur et ton âme assassinés ?

Penses-tu vraiment pouvoir te réincarner dans un corps et un esprit qui ne sont pas les tiens, en te débarrassant aussi facilement de la chair et du sang qui t'ont garanti jusque-là ton humanité ?

Qu'importe le petit bout de terre sainte et vierge où l'on se trouve pour cela : on ne se refait pas !

Et toutes les prières du monde n'y pourront rien changer.

On ne se refait pas. Par contre, on peut se défaire, s'effacer. Se renier soi-même.

Irradié par un discours totalisant (qui a réponse à tout), par une foi jalouse et exclusive, on peut, sans prendre garde, se faire étranger à soi-même sans plus jamais s'appartenir.

On peut s'abreuver d'un « catéchisme » idéologique en oubliant peu à peu les mots et les émotions de sa langue maternelle.

On peut vouloir être fidèle à une loi absolue et sectaire, en devenant infidèle à l'amour qui nous a tenu en vie jusque-là.

On peut épouser la cause insondable de Dieu

alors qu'elle met en péril la raison et l'existence tout entière de ses propres parents…

Car en s'aveuglant dans ce chemin de lumière ardente, tu n'as pas seulement immolé tes souvenirs, tes espoirs et tes joies, tu as anéanti aussi tous ceux et celles qui faisaient le sens même de l'existence de tes proches, qui aujourd'hui doivent en faire le deuil.

Quelle sorte d'existence penses-tu pouvoir édifier sur autant de cendres et de cadavres laissés derrière toi ?

Quand ton salut spirituel et parfaitement égoïste passe par la ruine spirituelle et affective de ta famille, que peut bien valoir un tel salut ?

C'est bien par-dessus ces décombres que tu espères devenir « un homme nouveau » ?!!

À l'image de ces barbaries que tes frères de foi – ces fous de Dieu – perpétuent actuellement partout où ils passent, brûlant, tuant et convertissant de force tout ce qui n'est pas eux en vue d'installer cette nouvelle terre d'islam, tu as fait table rase de tout ce qui ne s'identifiait pas à ta folle quête mortifère…

Tu croyais ne pas encore avoir commis de crimes, mais tu te trompes, car en franchissant ce Styx, tu as fait un mal interminable à tous ceux qui t'aimaient.

Tu avais bien des manières et des voies possibles pour vivre cet islam qui t'a halluciné depuis longtemps ; pourtant tu as choisi la pire d'entre elles et tu n'es qu'au début des catastrophes humaines que cette voie va engendrer pour le monde civilisé (et musulman) tout entier.

Bien sûr, tu te rassures et te justifies en prétextant remplir une espèce de mission divine et altruiste sur une terre purifiée de tout « mécréant » ; mais combien de morts, combien d'enfants endoctrinés, combien de populations déportées, combien de mensonges au nom d'Allah te faudra-t-il pour que tu sortes enfin de cet idéalisme crédule et puéril ????

Car aujourd'hui, hanté par cette foi toxique, tu n'es qu'un somnambule qui traverse un champ de cadavres et de souffrances sans être capable d'en sentir les odeurs nauséabondes ; tu n'es que la marionnette d'une doctrine ventriloque qui, à travers toi, récite jusqu'à la nausée « la bonne parole ».

De ce cauchemar qui ne fait que commencer, quand sauras-tu te réveiller ? Et que faut-il encore te dire pour que tu puisses trouver la bonté de nous sortir de cette folie ravageuse ?

Nous en sommes convaincus, jusqu'à présent, rien de ce que tu as fait ou dit n'est irréversible, et tu pourrais revenir sur tes pas : il y a plus de noblesse à avouer son égarement qu'à s'entêter dans un labyrinthe de ténèbres… et je te jure qu'on se battra tous avec toi, à ton retour, pour que tu puisses retrouver une part de ta vie antérieure.

Mais cela n'est concevable seulement parce qu'il n'est pas encore trop tard pour sortir de ce cancer que représente l'endoctrinement ; car lorsque cet endoctrinement aura fait toutes ses « métastases » dans ton esprit, lorsque cette tumeur aura pris la place de ton cerveau, cette opération du retour ne sera plus possible, et ton exil de la terre des hommes libres sera définitif.

Je t'en conjure, s'il te reste encore un peu de considération, et peut-être même de sentiments, pour moi, ton oncle qui a toujours respecté tes choix, médite chacune de ces phrases que je n'ai pas écrites sans verser quelques larmes, et qui j'espère sauront trouver un chemin vers ton cœur et ton esprit.

Raphaël a sombré. Mais a-t-il déposé des larmes sur son clavier en faisant défiler à l'écran cette bouleversante déclaration d'amour ? S'est-il remémoré ses souvenirs d'enfance ? Ces grandes discussions dans lesquelles il se lançait parfois avec son oncle ? À la fin de l'été 2014, le jeune homme est recruté pour prêter main forte au centre médiatique al Forqan de l'EI à Deir ez-Zor pendant que les autres Lunellois, au téléphone, racontent à leurs amis restés en France leurs exploits ou les horreurs auxquelles ils assistent : les femmes lapidées sur la place publique ; les esclaves yézidis, « adoratrices du Sheitan », vendues sur le marché ; les coups de sabre à travers les gorges et les balles dans la tête... Houssem, le grand frère de Sabri, enrage : « Les civils, c'est des gros hypocrites, dit-il. Ils comptent sur nous pour qu'on combatte, mais ils restent en train de fumer des clopes devant chez eux. Ils boivent du thé et mangent des pépites (...) Ils viennent gratter des sous [sur le dos] de dawla. Ils viennent profiter du système, c'est tout ce qu'ils veulent. Alors qu'ils aillent se faire enculer, moi ça me dérange pas, c'est des parasites. » Après avoir vu tant de sang et de violence, Houssem aurait-il oublié qu'à l'origine il était venu en Syrie pour aider les habitants opprimés ? Ce 19 août 2014, sa voix est progressivement couverte par le vacarme d'explosions toutes proches. « Allô ? Allô ?? C'est quoi ces explosions ? » Son interlocuteur a du mal à l'entendre. La grande bataille pour le contrôle de l'aéroport de Deir ez-Zor s'intensifie. Depuis des semaines, Hamza Mosli, même s'il ne veut pas se l'avouer, s'attend au pire : « Comme m'a dit mon père, ils sont partis pour un objectif, lâche-t-il au téléphone à un ami. Il faut se préparer psychologiquement. »

XVI

Une hécatombe hebdomadaire

L'État islamique, qui se sent pousser des ailes depuis la proclamation du califat, a pris le contrôle d'Al-Omar, le plus grand champ pétrolifère de la région, et les Lunellois participent à une des batailles les plus sanglantes de Syrie. Le Front al-Nosra, qui occupait jusque-là le territoire, a dû se replier après de lourdes défaites et le ralliement à l'EI de plusieurs tribus locales. Celles qui n'abdiquent pas sont massacrées. Des centaines de personnes sont tuées dans les combats. Les forces loyalistes de Bachar al-Assad sont quant à elles acculées à l'intérieur de Deir ez-Zor et font tout pour garder sous leur coupe l'aéroport militaire[1],

1. « Des djihadistes s'emparent d'un important champ pétrolifère en Syrie », Reuters, 3 juillet 2014.

lequel permet le ravitaillement des troupes. Mais l'État islamique avance vite. Mi-juillet, il contrôle, selon l'Observatoire syrien des droits de l'homme (OSDH), 95 % de la province de Deir ez-Zor et la moitié de la ville. Les obus et les roquettes pleuvent. La situation est extrêmement tendue : en cas de victoire, l'EI tient son pont entre l'Irak et la Syrie. En septembre 2014, Bachar al-Assad consent enfin à envoyer des renforts et parvient à contenir les forces pro-EI. Puis c'est au tour des États-Unis de pilonner le secteur, détruisant raffineries et chars d'assaut, donnant ainsi un peu d'air au régime. Paniqué à l'idée que ses proches puissent mourir sous les bombes, Hamza Mosli envoie une volée de sms[1] à ses amis, dont le président de la mosquée de Lunel, Lahoucine Goumri : « Apparemment les US ont bombardé Deir ez-Zor et les frères de Lunel sont là-bas. J'ai lu sur Twitter que des dizaines de mudjahideen sont morts dans les frappes », écrit-il. Loin de jouer son rôle de représentant d'un islam modéré, le président de la mosquée de Lunel lui répond une heure plus tard : « C

1. Les échanges ont été interceptés par la DGSI.

guerre perdu pr les US. C juste une question de temps ».

Le 7 octobre, Houssem appelle son frère, Hamza, et décrit des scènes de guerre d'une violence inouïe : « Il n'y a pas longtemps, ils ont jeté du gaz, dit-il. Hamdoulilah, nous on a des masques, donc c'est bon. [Sauf] s'ils jettent du phosphore (...) Mais ils le feront pas parce qu'on est à côté d'eux. Sinon ils vont se tuer eux-mêmes... » Houssem poursuit :

— On a attrapé des émirs de la Jabhat al-Nosra (...) On les a brûlés parce qu'ils ont brûlé des frères.

— Ah ouais ! ? Vous avez le droit de faire ça ? s'étonne Hamza.

— Eh oui. Si quelqu'un brûle un musulman, t'as le droit de le brûler.

Des combattants pro-EI sont spécifiquement chargés de consolider l'assise du groupe dans la partie de Deir ez-Zor qu'ils contrôlent. Des hommes, soupçonnés d'être des traîtres, sont décapités et accrochés bien haut, à la vue de tous, dans les rues du centre-ville. Des professeurs continuent à faire classe dans les caves inoccupées des immeubles mais ont désormais interdiction d'utiliser des « images représentant des êtres animés »[1], d'enseigner la musique, les sciences sociales ou encore l'histoire. Au téléphone, Houssem semble insouciant, indifférent au danger, voire totalement hermétique, dépeignant avec exaltation les déflagrations des bombes américaines : « La veille de l'Aïd, ils ont envoyé au moins vingt missiles. C'est la première fois que ça arrivait comme ça... Un truc de fou... T'entends même pas l'avion piquer... » Le 15 octobre 2014, il appelle Hamza, l'informant qu'il vient d'enterrer son émir : « Un homme pieux. Jamais je n'ai vu un défaut », dit-il. Deux jours plus tard, touché par un éclat d'obus, Houssem meurt, le 17 octobre, à l'heure de la prière.

Son épouse, Maëva, prévient sa famille. « Je suis contente pour lui (...). Il s'est battu comme un lion », annonce-t-elle d'un ton faussement assuré. Le 19 octobre, à 21 h 39 précises, Hamza apprend la nouvelle et fond en larmes. « Mes deux frères sont morts », confie-t-il à sa femme. Et les décès se

1. « Sur le banc des écoles de l'État islamique », Slate, 16 octobre 2014.

succèdent dans une hécatombe hebdomadaire. Les photos des dépouilles circulent sur les réseaux sociaux et dans les téléphones, leur visage d'un blanc étincelant, lumineux, comme apaisé par la mort. Une mise en scène soigneusement orchestrée par l'EI pour signifier l'accès des mudjahideen au paradis et aux soixante-douze vierges. Le lendemain, le 20 octobre, Hamza apprend également la mort de Raphaël, tué au front aux côtés de Houssem. Le jeune homme n'avait pas été formé au maniement des armes et n'était même pas censé combattre… Selon les rumeurs, il n'aurait pas manqué de courage. Hamza se résigne : « Franchement, ça fait de la peine, tu vois, c'est normal. Mais la vérité, il faut être heureux. » Les parents de Raphaël, eux, ne sont toujours au courant de rien. Hamza n'a pas le courage de leur dire : « Je ne sais pas comment je vais faire, confie-t-il à un proche. C'est au-dessus de mes forces. » Finalement, des femmes fréquentant la mosquée se chargent de faire parvenir la nouvelle. Deux jours plus tard, circulera une photo d'Abou Ayoub mort. Seul souvenir de la deuxième vie de Raphaël. Pendant des jours et des jours, ses parents auront tout fait pour tenter de le faire revenir, en veillant à ne pas le mettre en danger. Peu avant son décès, il leur avait affirmé qu'il demanderait à ses « chefs » la permission de quitter la Syrie et d'accomplir ses projets dans un autre pays, « en conformité avec ses aspirations et sa foi », raconte Laurent Amar. Il n'en a jamais eu le temps. Ses proches gardent le souvenir d'un jeune homme qui, jusqu'au bout, dans ses conversations Skype avec eux, n'aura été que douceur et gentillesse.

En décembre 2014, Hamza « Coran », le fils de l'ancien président de la mosquée de Lunel, et Karim « Le Chinois », le premier jeune à être parti en Syrie, meurent également à Deir ez-Zor. Avant qu'un dernier jeune de vingt et un ans ne se fasse exploser quelques mois plus tard aux côtés d'un Belge et d'un Sénégalais, dans une attaque suicide à la voiture piégée au poste frontière de Trebil, point de passage vers la Jordanie. L'attentat fait plusieurs morts et blessés. Abou Bakr, comme il se faisait appeler, est le septième Lunellois à perdre la vie.

XVII

« *Ambiance djihad* »

Et soudain, Lunel s'embrasa. Alors que jusque-là Hamza Mosli et sa bande se faisaient discrets et fuyaient le ballet incessant de micros et de caméras, Lahoucine Goumri, le président de l'Union des musulmans de Lunel – l'association qui gère la mosquée –, déclenche un véritable scandale. Dans une interview au quotidien *Midi Libre*[1] accordée en décembre 2014, le religieux refuse de condamner les départs de jeunes Lunellois au djihad : « C'est leur choix, je n'ai pas à les juger. Seul Dieu les jugera. Si on doit condamner quelque chose, il faut condamner ce qui est condamnable. Pourquoi condamner ces jeunes qui sont partis au nom

1. « De l'Hérault au djihad en Syrie : la mosquée de Lunel ne condamne pas leur départ », *Midi Libre*, 12 décembre 2014.

d'une injustice en Syrie et pas ces Français qui sont partis et ont tué des bébés palestiniens avec Tsahal l'été dernier ? Pourquoi est-ce qu'une mosquée condamnerait, alors que les autres religions ne le font pas ? » Pris par le feu de la controverse, Lahoucine Goumri conseille à la population, devant les journalistes, de mieux s'informer de ce qui se passe en Syrie, et de lire... le journal édité par l'organisation État islamique ! En quelques phrases jetées aux médias, Goumri a tout dit. Vient-il bel et bien de recommander publiquement la lecture de la propagande de Daech, dans le journal le plus lu de la région ? Sans mesurer la portée de ses propos, le président de la mosquée de Lunel s'enfonce : « La plus grosse filière djihadiste, c'est François Hollande. À mon avis, ces jeunes ont été poussés à partir dès mars 2011, lorsque François Hollande a dit que Bachar al-Assad [était] un boucher et un criminel. Ces jeunes sont partis pour combattre une injustice. Ils ont été bombardés de vidéos sur Internet. Ils ont vu des vidéos horribles. Ils n'ont pas accepté. »

Le jour même de la parution du journal *Midi Libre*, les réactions sont extrêmement vives. La préfecture parle « d'irresponsabilité ».

La fédération socialiste de l'Hérault fustige une « légèreté coupable » et des « propos tendancieux, abjects et scandaleux ». Quand Abdallah Zekri, président de l'Observatoire national contre l'islamophobie et représentant du Conseil français du culte musulman (CFCM), évoque des propos « condamnables » et « inexcusables », appelant à des sanctions. La levée de boucliers est telle que Goumri est contraint, quelques jours plus tard, de rectifier le tir. « L'association des musulmans de Lunel condamne avec force et sans ambiguïtés toutes violences qui seraient commises en France ou à l'étranger au nom de l'islam, écrit-il dans un communiqué (...) Nous lançons un appel aux jeunes Lunellois qui seraient tentés d'aller combattre dans ces pays, de prendre conscience de l'ampleur de la gravité des crimes dont ils pourraient se rendre complices. » À Lunel, ce revirement ne convainc cependant guère, et on croit distinguer, derrière ce texte, l'ombre de la préfecture. Selon plusieurs sources, les autorités auraient en effet menacé Goumri d'entamer une procédure administrative de fermeture de la mosquée s'il ne publiait pas un discours plus apaisant...

Cette guerre d'influence que se livrent les

autorités et la mosquée dans la presse n'a en tout cas aucun effet sur les djihadistes lunellois. Damien[1], vingt-trois ans, fraîchement converti à l'islam, rejoint ainsi la Syrie au moment même où Lahoucine Goumri est aux prises avec les pouvoirs publics. Le jeune homme, qui fréquente assidûment la mosquée, était « triste » et « éteint » depuis plusieurs mois, selon ses proches. Il avait décidé de quitter son job à l'Intermarché de Lunel, ne supportant plus le contact avec les bouteilles d'alcool et le porc. Ses relations avec ses parents, dépassés par sa conversion soudaine, étaient devenues très difficiles. Damien leur reprochait sans cesse de fumer, de boire, et de se comporter comme des mécréants. Sa famille ne supportait plus ses remarques. La DGSI, qui avait intercepté mi-décembre plusieurs communications au sujet d'un éventuel départ du jeune homme, ne retranscrira les conversations que début janvier. Un retard à l'allumage ennuyeux : Damien a déjà passé la frontière syrienne. Et lorsque sa mère apprendra la nouvelle par les gendarmes, elle se dira, selon une source proche du dossier, « effondrée », mais admirative qu'il

1. Le prénom a été modifié.

aille au bout de ses convictions religieuses... Les enquêteurs en resteront sans voix.

Alors que la ville entière est en ébullition, il y a à Lunel « une ambiance un peu djihad », raconte un habitant. Les thèses djihadistes ont infusé et sont presque devenues banales. En témoignent les échanges sur Facebook de plusieurs jeunes, proches des Lunellois partis en Syrie. Entre théories du complot et antisémitisme, leurs propos sont souvent terrifiants. Le nombre impressionnant de « likes » qu'ils obtiennent parfois sous leurs publications l'est encore davantage. Kevin[1], un converti d'une bonne vingtaine d'années, publie ainsi régulièrement des messages de haine et des caricatures de mauvais goût, où l'on voit François Hollande se faire uriner dessus par un diable grimé en Premier ministre israélien : « Shaytan-Ayou », peut-on lire. Le jeune homme s'en prend à la galaxie people. Le spectacle des enfoirés ? « La plupart de ces artistes sont ou pédophiles, ou détourneurs de fonds, ou investisseurs pour l'armée de Tsahal (...) Je les hais. Ce sont des hypocrites », écrit-il. Avec Debbouze et Hanouna, Boubil et Timsit, « on

1. Le prénom a été modifié.

pourrait se faire une sacrée fournée, ajoute Kevin. Quand tu passes deux heures à regarder des personnes qui se revendiquent juifs et qui se foutent de la gueule des Arabes, des musulmans etc., et que c'est considéré comme de l'humour, tu pètes un boulon. Y en a plein le cul de leurs libertés sans limites. Si c'est ça l'humour et les valeurs qu'il faut s'inculquer pour faire partie du troupeau, eh bien je ne ferai jamais partie de ceux-là », conclut-il. Sa famille a beau s'insurger sur le réseau social – « Propos plus que limite. Tu te prends pour Jean-Marie Le Pen ? J'aime pas du tout ces discours » –, le mal est fait. Kevin ne change plus d'opinion.

La bande de Hamza, elle, très radicalisée, s'échange plus discrètement des communiqués et des vidéos de l'EI tout en pratiquant des activités considérées comme *haram*[1] par la dawla[2]. Aucun d'entre eux ne se prive par exemple de ses jeux vidéo favoris : « Oh là, j'ai failli mettre un but ! Pour la dawla, je vais le mettre, je vais en mettre un pour la dawla ! » hurle au téléphone un copain de

1. Interdites, en arabe.
2. Signification = État islamique.

Hamza, en pleine partie de *Pro Evolution Soccer*, un jeu de football sur PlayStation. Voilà toute la contradiction et l'imprévisibilité de ces jeunes, qui passent du Coran à la console, du string au niqab. Les radicaux pestent contre le manque de pudeur des filles dans la rue, et notamment la taille de leurs jupes jugées trop courtes, mais ne se privent pas pour autant de regarder les superproductions hollywoodiennes. Ce dimanche de fin d'année, Jawad, un ami de Hamza fraîchement divorcé, regarde ainsi avec un ami *Hunger Games*, avec dans le rôle-titre la pulpeuse Jennifer Lawrence. Jawad et son copain n'ont pas le temps d'apprécier leur film du dimanche soir que Hamza Mosli les appelle pour savoir s'ils ont vu la dernière vidéo ultra-violente de l'État islamique. Hamza se moque : « Jawad, il a tourné de l'œil nan ? » Et les trois compères de discuter comme si de rien n'était du clip publié par Daech, celui où l'on voit les têtes coupées et les barils de TNT. « L'atmosphère, elle est lourde », lance Hamza. « Moi je crois même que j'aurais craché dessus (les victimes, Nda) », répond Jawad. Il ajoute : « Ils ont quand même un certain respect vis-à-vis de l'exécuté, tu vois. » La bande se bidonne en comparant les assassins, alignés en rang, comme s'ils rendaient « hommage à Top Chef ». Des plaisanteries : « Bientôt ils vont faire le meilleur boucher de France, ils vont se présenter. »

XVIII

« Charlie Hebdo, de la pourriture... »

7 janvier 2015, attentat contre *Charlie Hebdo*. La situation prend une tournure dramatique à Lunel, et toujours pas le moindre signe d'une intervention des forces de l'ordre... Ce jour-là, Jawad prend son portable et compose le numéro de Hamza :

— Là, tu es content, je crois ?!!

— Ouais... Taré ! Franchement, ils méritent que ça *Charlie Hebdo* avec tout ce qu'ils ont fait.

Il est midi passé de quelques minutes. Les bandeaux des chaînes d'information en continu affichent le nombre de morts. Les rédactions parisiennes sont à l'arrêt, les journalistes figés devant leurs écrans. « Ça me fait plaisir, poursuit Hamza. Après, j'espère que Allah il va les (les frères Kouachi, Nda) protéger. Je ne sais pas ce qu'ils vont faire mais… À mon avis, ils vont s'enfuir. » Et les deux hommes de disserter sur les victimes :

— Bah Twitter, ils s'emballent en général. Mais si c'est dix morts, tant mieux… Moi je veux bien que ce soit dix morts. Des mecs de *Charlie*, des soldats…

— Ouais, c'est de la pourriture, ça.

— Après des civils, ça craint un peu, dit Jawad. Mais les mecs de *Charlie*, normal. Tu les égorges. Insulte au Prophète : le mec il mérite la mort.

Pendant ces quelques heures de deuil national, Jawad, surexcité, appelle sa sœur – « T'as vu les infos ?!! » –, lit tout ce qu'il peut sur la fusillade, imite au téléphone le bruit des rafales de kalachnikov – « *ta tatata ta ta* » –, se rue sur Internet à la recherche de vidéos du crime. Tout à sa joie, le jeune homme exulte : après tout, pourquoi ne pas « arroser » la nouvelle ? Ni une ni deux, revoilà Hamza au bout du fil :

— Faut qu'on aille fêter ça !

— Oh dis pas ça au téléphone, toi !

Les copains ont oublié leur prudence. Deux jours plus tard, pendant qu'Amédy Coulibaly prend en otage plusieurs clients de l'Hyper-cacher de Vincennes, la petite bande débarque à l'armurerie de Lunel. Hamza flâne dans les rayons, prend son temps, fait son shopping : ici des vestes, des bombes lacrymogènes et des tasers ; là des couteaux de chasse et de combat. L'homme passe finalement en caisse avec, sous le bras, un taser et une matraque télescopique… Évoquant avec un ami le sort d'Ahmed, le policier abattu par les terroristes devant *Charlie Hebdo*, Hamza explique : « Une preuve de plus qui montre que les musulmans n'ont rien à faire dans la police (…) Qu'Allah nous protège contre la mauvaise fin. »

Deux ans et demi après le premier départ au djihad, les conversations, interceptées par la Direction générale de la sécurité intérieure, ne passent pas inaperçues et remontent aussitôt aux plus hautes sphères de l'antiterrorisme français. En concertation avec le ministre de l'Intérieur lui-même, Bernard Cazeneuve, la DGSI décide de mener une action coup de poing à Lunel et dans ses environs. Il est temps de mettre un terme à l'hémorragie. La ville revient sur la table régulièrement lors des réunions organisées place Beauvau et le ministre tient absolument à endiguer le phénomène. 2015

Le 27 janvier 2015, dans la nuit, les forces d'intervention de la police nationale prennent leurs dernières instructions avant de passer à l'action. Cinq personnes s'apprêtent à être interpellées simultanément : Hamza Mosli et Saad B., vingt-six ans, qui ont tous deux perdu leurs frères au combat ; Jawad S., trente et un ans, un jeune radicalisé qui, d'après l'enquête, semble avoir des velléités de départ ; et enfin Adil B., trente-cinq ans, et Ali A., quarante-quatre ans, tous deux soupçonnés d'avoir séjourné en Syrie et d'être revenus en France.

Vers 6 heures du matin, le Groupe d'appui opérationnel (GAO) de la DGSI, le RAID et le GIPN postent leurs hommes, cagoulés et surarmés, à Aimargues et Caussiniojouls, où ils fracturent les portes et s'engouffrent dans les maisons en quelques secondes, pendant que les colonnes d'assaut se glissent en silence dans le centre-ville de Lunel. Les policiers pénètrent les parties communes d'un immeuble de la rue Frédéric-Mistral mais finissent par s'apercevoir – trop tard – qu'ils se sont trompés de bâtiment. Plusieurs portes ont déjà volé en éclats sous les coups de bélier, les unités d'élite mettent plusieurs minutes avant de trouver la bonne entrée. L'effet de surprise gâché, les esprits s'échauffent. Des coups s'échangent. Le petit frère de Jawad S., atteint de plusieurs ecchymoses aux lèvres et sur le visage, est soigné sur place. La démonstration de force est impressionnante. La ville, elle, sous le choc. Des badauds, qui ont entendu le bruit sourd des portes qu'on défonce, descendent dans la rue. Les chaînes de télévision diffusent en boucle les images des arrestations et racontent les coulisses de ce « coup de filet » contre les « réseaux djihadistes ». La presse nationale s'empare de l'affaire. Lunel abrite-t-elle un nid de terroristes ? Dans le vacarme médiatique, une voix tente de se faire entendre, celle de Pascal Gomez. Le djihadisme n'est pas un problème lunello-lunellois, tempère-t-il sur BFM, c'est « dans le monde entier qu'il y a un problème ». Mais trois semaines après les attentats de *Charlie Hebdo*, le symbole politique se doit d'être fort. Aussi Bernard Cazeneuve, ministre de l'Intérieur, ne tarde-t-il pas à se féliciter du démantèlement d'une « filière particulièrement dangereuse ». Qu'importe la réalité ou le fond du dossier, qu'importe que les morts de leurs amis en

Syrie aient déjà bien tempéré les ardeurs. Ce jour-là, Lunel, le Molenbeek français, est né. Bienvenue à Djihadland.

XIX

« Les mots ont dépassé mes pensées »

À Levallois, au siège de la DGSI, les gardes à vue sont houleuses. Confronté aux nombreuses écoutes judiciaires prouvant sa radicalité, Hamza joue franc jeu. L'armée de Bachar al-Assad ? « Monsieur François Hollande est contre l'armée de Bachar. Ça veut pas forcément dire que c'est un recruteur du djihad », soutient-il. Les militaires français tués sur zone irako-syrienne ? « Quand ils s'engagent dans l'armée et qu'on les envoie dans une zone sur laquelle ils n'ont aucune légitimité, je dirais pas que je suis d'accord avec leur meurtre mais je comprends qu'il y ait une résistance. » La mort du policier Ahmed Merabet, tué par les frères Kouachi ? « Les musulmans dans la police n'ont pas à lutter contre d'autres musulmans. Voilà, c'est le fond de ma pensée. » Les attentats de *Charlie Hebdo* ? « Je dirais pas que je les approuve mais des fois, la justice divine vient toute seule... », conclut-il. La formule est volontairement ambiguë. Elle laisse planer le doute sur le véritable état d'esprit de celui que les services de renseignement ont si souvent désigné, dans le huis clos de leur bureau, comme le cerveau de la filière lunelloise.

Hamza Mosli nie avec force le rôle de recruteur qu'on lui prête mais reconnaît avoir aidé Karim « Le Chinois » à passer la frontière, en lui donnant le numéro d'un passeur trouvé sur Facebook : « Je regrette, dit-il, car c'est le premier de Lunel à être parti. Karim, une fois en Syrie, a été à l'origine des principaux départs de jeunes de Lunel en Syrie (...) Et maintenant, je dois vivre avec le remords d'être l'une des causes qui a mené à la mort de mes petits frères et à la destruction de ma famille. » Favorable à un islam politique, le jeune homme se dit écœuré par les discriminations et l'islamophobie ambiante. La plupart des peuples musulmans sont gouvernés par des tyrans et des dictateurs, déplore-t-il. Et lorsqu'ils créent des partis démocratiques comme les Frères musulmans en Égypte ou le Hamas à Gaza, on les « dégage » du pouvoir. S'il avoue être très investi dans la cause islamiste, Hamza assure cependant n'avoir jamais voulu quitter la France : « Ce que je vais vous dire, je ne l'ai jamais dit à personne. Au plus profond de moi, je n'ai jamais envisagé de quitter ma famille ou de partir. Mais lorsque je parlais avec mes frères qui sont morts en Syrie, je leur faisais croire que je voulais les rejoindre pour garder contact et pour ne pas qu'ils soient rancuniers (…) J'ai un moment voulu les rejoindre, ce sont mes frères là-bas. Mais aujourd'hui, ils sont morts. Je n'ai plus de raison d'aller combattre. »

Tandis que Hamza paraît répondre avec franchise aux questions qui lui sont posées, Jawad, dans une salle d'interrogatoire voisine, semble moins crédible. Assurant être contre le djihad – « C'est nul, c'est pas l'islam, je suis foncièrement contre ça » –, jurant être un bon citoyen – « J'essaie de faire de mon mieux pour respecter les lois de mon pays » – et s'indignant de la situation en Syrie – « Des jeunes de Lunel partent là-bas et je n'ai pas envie que d'autres personnes partent là-bas », soutient-il. Les agents du renseignement le laisseront s'enfoncer avant de lui présenter les très nombreuses interceptions judiciaires effectuées sur sa ligne. Alors seulement Jawad panique, cherche à prendre ses distances, jure n'avoir « pas eu le cran, le courage de dire à Hamza que son frère était un assassin ».

Le jeune homme évoque l'ambiance qui règne à Lunel. Une « course à l'échalote » pour se faire mousser entre jeunes, une course à « celui qui en montre le plus », même si les mots dépassent largement les pensées. L'islamisme radical est devenu une sorte de bâtisseur de lien social, explique Jawad. Les jeunes ne parlent plus que de l'EI, en font le sujet de discussion à la mode, regardent tellement de vidéos de soldats de Bachar décapités qu'au début « ça choque » et puis après, ça ne fait plus rien… Leader local du mouvement Participation et spiritualité musulmanes (PSM), une émanation française d'un parti interdit au Maroc, Jawad a milité de nombreuses années à Lunel pour que les musulmans développent un engagement à la fois politique et religieux. Professeur improvisé lors des « Assises du vendredi soir » – ces cercles de réflexion sur l'islam auxquels participaient, en 2013, plusieurs djihadistes –, Jawad s'était fait plus discret au moment des départs en Syrie, craignant que des familles ne voient en lui un dangereux prédicateur. Très isolé depuis son divorce en 2013, revenu vivre chez sa mère avec le RSA pour seule source de revenu, Jawad n'avait en réalité que très peu de contacts avec les Lunellois de Syrie et d'Irak. Et nie avoir joué un quelconque rôle dans la filière djihadiste de Lunel. Interrogé en septembre 2015 par la juge d'instruction, après six mois de détention passés à l'isolement en raison de son radicalisme supposé, il réclame sa remise en liberté : « J'ai dit des choses borderline, j'ai dit des choses peut-être choquantes, des choses graves, mais en aucun cas je ne passerai à l'acte. Je n'ai jamais fait une quelconque recherche pour partir en Syrie, je n'ai jamais organisé des départs pour la Syrie, je n'ai jamais recruté qui que ce soit. » En réalité – mais Jawad ne l'a pas encore compris – les actes importent peu. Les juges, depuis la vague d'attaques qui a endeuillé la France, n'hésitent plus à réprimer les mots et pensées, toute idée qui leur apparaîtrait dangereuse. En matière de terrorisme, la question n'est plus de condamner pour ce qu'on a fait, mais pour ce qu'on pourrait faire. Toute adhésion à un projet de société, qu'il soit nocif de près ou de loin à notre démocratie, est susceptible de tomber sous le coup de la loi. Une sorte de justice préventive guidée par la terreur. Un avocat à qui nous nous en ouvrons résume : « Êtes-vous certain, d'ici quelque temps, que si vous vous prononciez, au nom de la liberté d'expression, en faveur de l'instauration de la charia, vous ne seriez pas condamné ? » Jawad a obtenu sa remise en liberté au printemps 2017. Le parquet s'est opposé à celle de Hamza Mosli.

XX

Saad, en prison pour son frère

En cette fin de matinée d'été, Saad, vingt-six ans, remonte à grandes enjambées l'avenue Feuchères, à Nîmes, et s'installe à la terrasse des Fleurs du Malt, le troquet de la gare. Tout à son aise sous une chaleur écrasante, cintré dans un polo blanc, cheveux noirs gominés et barbichette naissante, Saad affiche la même apparence décontractée que sur les photos et vidéos qu'il publie sur Facebook. Celles où on le distingue en soirée, bras dessus bras dessous avec deux amis dans un nuage de fumée, au volant de sa voiture à chanter du rap, en maillot de bain à fanfaronner sur la plage, un sourire baratineur dont on devine qu'il ne se départ que rarement, très loin de la figure du djihadiste austère que certains nous avaient décrite... Sous son bras, une pochette en plastique remplie de documents : bulletins de paie, baux d'appartement, cartes grises en tous genres : on ne plaisante pas avec le business. Saad se lance, sûr de lui, nous explique que, dans une autre vie, il a été brocanteur – il en a le bagou –, garçon de café et vendeur. Tous ces documents sont censés le prouver, en particulier à Pôle Emploi, où il se rend juste après notre rendez-vous. « Aujourd'hui, je fais dans la voiture », assure-t-il. Une activité d'achat-vente qu'il a démarrée quelques mois plus tôt et qu'il mène en partenariat avec des copains garagistes. Et Saad de nous montrer, charmeur, quelques modèles : « Celle-là est nickel, jantes neuves, 3 500 euros, ça vous intéresserait pas ? » On décline poliment.

Et le djihad, alors ? Saad se renferme, le ton devient grave. Quand les flics ont cassé la porte de son appartement, à 6 heures du matin le 27 janvier 2015, le jeune homme jure n'avoir pas compris ce qui se passait. Les menottes aux poignets, les hurlements de sa mère, sa voiture perquisitionnée. « Mes parents ont été traumatisés. Ils m'ont mis les menottes tellement serrées que j'avais les poignets gonflés de sang », raconte-t-il, visiblement ému[1]. La suite, il en parle comme d'un cauchemar. Les yeux bandés, conduit de force à l'intérieur de la voiture de police, la tête penchée vers le sol et appuyée contre le siège, de manière à lui faire perdre tout repère. « On me disait : "Si tu bouges, on te démonte." On m'a ensuite mis sous escorte dans un TGV. J'étais seul dans tout le wagon, avec des gros bras autour de moi. Et j'suis finalement arrivé à Levallois (le siège de la DGSI, Nda) pour être interrogé, avant qu'on me mette en prison. » Libéré sous contrôle judiciaire sept mois après son interpellation, grâce aux efforts de son avocat, Me Joseph Hazan, interdit de fréquenter Lunel et les Lunellois, Saad sort peu à peu de son silence et commence à refaire sa vie. « Je vous jure, je suis pas un mec bizarre », répète-t-il. Né d'une famille nombreuse, arrivé en France bébé, Saad a été incarcéré pour avoir été, pendant des mois, en contact avec son frère, Karim « Le Chinois ». La justice le soupçonne d'avoir adhéré au discours djihadiste de son aîné ; d'avoir accompagné l'épouse de Karim, Nadia, jusqu'à la gare où elle est partie vers la

1. Entretien avec les auteurs, 7 septembre 2016.

Syrie ; et de lui avoir remis quelques dizaines d'euros, un ordinateur et un peu de matériel pour rendre son séjour là-bas plus confortable. Saad et Nadia s'étaient ainsi rendus à Decathlon le 16 avril 2014, afin d'y acheter des lampes frontales, une batterie de secours et une montre. Le lendemain, il l'avait accompagnée en pleine nuit à l'aéroport de Marseille. Nadia s'était alors envolée vers le *Cham*. Elle n'est jamais revenue.

En octobre 2014, Karim tente de convaincre son frère de les rejoindre lui aussi : « Réveille-toi vite avant qu'il ne soit trop tard, lui dit-il sur Skype. Je risque de partir du jour au lendemain et je serai plus là pour te dire tout ça. Donc bouge-toi pour Allah. » Saad élude, affirme qu'il doit d'abord « se préparer psychologiquement » avant de partir. Ou au moins se mettre à prier, ce qu'il ne fait pas. Un mécréant au *Cham*, voilà qui ne s'imagine pas… À chaque fois, Karim s'emporte : « Y a des frères, ici, ça fait même pas un mois qu'ils sont convertis et ils sont avec moi. Alors que toi t'es né musulman et tu trouves des excuses. » Ces deux-là ne se sont jamais vraiment entendus… Deux ans plus tard, à la terrasse du café où nous avons rendez-vous, le jeune homme se défend ardemment et jure n'être allé dans le sens de son frère que pour garder un contact avec lui. « Le jour où on m'a arrêté, deux jours avant, j'étais en boîte de nuit. Et je serais radicalisé ? Je ne suis même pas pratiquant. Je n'ai pas eu le temps de faire le deuil de mon frère qu'on est venu m'interpeller », tonne-t-il. Saad ajoute : « Karim m'a appelé plusieurs fois, c'est vrai. Et alors, c'est mon frère, je ne vais pas répondre ? Ça fait de moi un criminel ? J'ai tué quelqu'un ? C'est de l'injustice, c'est tout. Au téléphone, il n'arrêtait pas de me dire : viens, viens. Vous vouliez que je fasse quoi ? Que je lui raccroche au nez ? C'est mon frère ! Vous auriez fait quoi à ma place ? » Le jeune homme poursuit : « J'aurais préféré le dénoncer à la police. Au moins il ne serait pas mort et il se serait retrouvé à côté de moi, en prison. »

À Lunel, personne n'a jamais vraiment cru que Saad était impliqué dans la filière djihadiste locale. Très actif, danseur sur son temps libre, connu pour avoir monté un café-théâtre avec Pascal Gomez, Saad avait repris Le Bahut, le café que tenait Karim à côté du lycée. Un établissement que les services de renseignement ont longtemps considéré comme un haut lieu de prosélytisme… Une nouvelle fois, Saad dément : « On se serait servi du Bahut pour détourner les jeunes ? N'importe quoi, franchement ! Alors oui, les frères religieux ils venaient boire un café à la terrasse. Et alors ? La musique, la sono, c'était H24 chez moi. Il y en avait tout le temps au Bahut. » Interrogé sur ses rapports à la religion, Saad nous regarde droit dans les yeux et nous montre des photos de sa petite amie dans des poses sexy – « Elle est pas mal, hein, franchement ? » –, et jure contre toute évidence, ne même pas savoir ce qu'est Daech : « C'est quoi ça, une marque de lessive ? » Nouveau silence. Encouragé par notre sourire, Saad continue sur sa lancée : « Les enquêteurs arrêtaient pas de me demander : "C'est quoi ton rôle là-dedans ?" Mais quoi ? Ils croyaient que j'étais l'office du tourisme du djihad ou quoi ? »

Très marqué par sa période de détention, Saad ne comprend toujours pas comment il a pu se retrouver dans cette galère : « Je ne veux pas un juge bloqué du cerveau. Je veux un juge qui se mette cinq minutes à ma place. Liberté, égalité, fraternité ? Il faudrait ajouter : discriminé ! À la télé, on parle de burka, de niqab, de voile, de burkini. Et après ? Ben de la météo. Et comme les gens, ils veulent du suspens, on leur remet de l'islam. Et on raconte absolument n'importe quoi. » Pascal Gomez, l'animateur lunellois, confirme sa version de l'histoire : « Saad, c'est un fêtard. Il cherchait plus les filles que la religion ! Les habitants de la ville passent leur temps à faire courir des rumeurs. Ils s'emmerdent tellement qu'ils disent n'importe quoi. Tu vois, aux États-Unis, les mecs qui font un cercle de flammes au milieu de leur champ de maïs et qui après convoquent tous les médias pour raconter qu'un ovni s'est posé chez eux dans la nuit ? Ben c'est un peu ça, Lunel. Je ne défends pas la veuve et l'orphelin mais Saad, on en a fait un Ben Laden. Faut arrêter deux secondes les bêtises ! » Une situation que Saad résume à sa manière : « Tout cela me dépasse. Je ne veux pas qu'on me colle une étiquette de barbu ou de bizarre. Je suis pas un mec chelou ou radicalisé. La mosquée ? ça ne m'intéresse pas. Eux, ils sont dans la religion. Moi je suis dans la night ! Ils arrêtent des innocents, c'est pas normal. Dans cette justice-là, je ne vois aucune valeur. »

XXI

« Tuer jusqu'à te faire tuer »

À quarante-quatre ans, Ali, grand brun au visage austère et aux traits tirés, est fatigué de se battre. Une longue lutte entamée depuis des années contre les services sociaux, pour les empêcher de lui prendre ses deux filles. Marié à une femme de nationalité turque, très fragile psychologiquement et mère de deux adolescents nés d'une précédente union, Ali gère sans revenu ou presque une maison avec quatre enfants. L'homme alterne les périodes de chômage et les petits boulots de déménageur, mécanicien et chauffeur poids lourds, mais n'arrive pas à boucler ses fins de mois. Au début des années 2000, la famille, surendettée, est expulsée à plusieurs reprises de son domicile. Ali, à bout, ne peut guère se reposer sur son épouse, incapable, selon les services sociaux, d'élever sereinement les enfants. En octobre 2013, la cocotte explose. Ali fait les démarches nécessaires en vue de placer les deux adolescents de son épouse, pour ne plus avoir à s'occuper que de ses deux seules filles. À l'Observatoire départemental de l'enfance en danger, chacun a encore en mémoire ses crises de fureur. On se souvient même de ce jour où Ali avait désigné un des fils de sa compagne comme le « coupable » de tous leurs problèmes. « Marre d'assumer depuis plusieurs années ses conneries, avait-il hurlé (...) Soit il est placé, soit je divorce. » Les deux jeunes seront hébergés par une famille d'accueil en décembre 2013, puis définitivement placés au printemps 2014...

Les choses continuent à se gâter. Dépressive, l'épouse d'Ali retourne en Turquie à l'été 2014, à l'expiration de sa carte de séjour française. Ali reste seul à Lunel et se démène pour que nul n'approche de ses filles, et certainement pas les services sociaux : « Vous n'en parlez même pas, vous ne les touchez pas », les avertit-il. En juillet 2014, lors d'une visite du domicile familial, le contrôleur constate que l'électricité est coupée depuis quatre mois et que les fenêtres sont calfeutrées par des draps et des couvertures. Impulsif, Ali s'emporte et devient menaçant, suggérant qu'il pourrait avoir recours à des explosifs si on tentait de lui enlever ses princesses. Alors qu'une nouvelle visite domiciliaire est prévue en octobre, le père de famille débarque, furieux, dans les locaux du Conseil général et pique une monumentale colère. « Si elle se présente le 6, je lui fais la peau à l'assistante sociale », tonne-t-il. Avant d'ajouter : « Personne ne touchera à mes enfants (...) Si je vois quelqu'un à mon domicile, je le crève. » De retour chez lui, Ali ne perd pas de temps, fait les valises de ses filles et ferme son appartement à clé. Il part quelques jours plus tard avec ses enfants sans prévenir personne.

La suite est un long mystère. Aux policiers qui l'interrogent, Ali assure avoir séjourné quelques semaines en Turquie pour convaincre son ami Karim « Le Chinois » de revenir en France. « J'espérais le faire sortir de Syrie pour qu'il me parle, soutient-il. Je lui avais dit que s'il venait me parler, je l'écouterais (...) Mais il n'est jamais venu, et il n'a jamais été question que j'aille là-bas. » Un gros mensonge, d'après les enquêteurs. Selon leurs investigations, Ali et ses deux filles auraient bien séjourné deux semaines en Syrie en octobre 2014, avant de rester deux mois en Turquie. Durant toute cette période, Ali aurait discuté sur Internet avec des djihadistes, comme en attestent les nombreuses communications électroniques interceptées par les services de renseignement. Le père de famille y jure à ses interlocuteurs qu'il est sur le point de revenir en Syrie, assure que sa femme vient de se suicider et qu'il doit l'enterrer : « Attends que je vienne et on fera une action ensemble, écrit-il à un mystérieux Abou Hamza début décembre (...) On va faire péter ce Bachar ! » Ali insiste : « J'aurais pas les petites avec moi, je ferais péter toutes les ambassades des différents pays ici et tous les monuments. D'ailleurs, je me demande si je vais pas le faire à ces chiens (...) Mais g pas de matos pour ça. » Abou Hamza, son interlocuteur, lui ordonne de passer le plus vite possible à l'action : « Une cocote, de l'acétone, eau oxygénée et acide », suggère-t-il. En quelques secondes, la conversation dérape :

— Tu me conseilles de faire quoi ? demande Ali.

— Tu le feras pas..., répond l'autre. Des attentats en France.

— Wallahi je le ferai, Dieu m'est témoin.

— Tuer jusqu'à te faire tuer. Un maximum de morts en un minimum de temps.

— Les Galeries Lafayette, suggère Ali.

— Des plans avec issues de secours, pour frapper et refrapper, rétorque Abou Hamza. Des trucs faciles…

Ali se dit « détruit » et prêt à tout :

— Il ne me reste que ma dignité. J'ai même pensé à des églises…

— Des objectifs faciles, le but c'est de durer. Tout ce qui a une issue de secours, tu fais (…) Mets tes filles à l'abri et fume-les ces chiens.

Ali ne passera jamais à l'action. Fin décembre 2014, le voilà qui revient en France et s'installe chez sa sœur avec ses deux filles. Il sera interpellé un mois plus tard et aussitôt placé en détention provisoire. Projets d'attentats réels ou paroles en l'air ? Le commanditaire, Abou Hamza al Faransi, n'a pas été identifié.

XXII

Quand le djihadiste se croyait possédé

Le cinquième et dernier Lunellois à avoir été interpellé dans le coup du filet du 27 janvier 2015 n'aidera en rien les enquêteurs à désépaissir le mystère : Adil, trente-cinq ans, jure être possédé par un démon… Aux agents de la DGSI qui l'interrogent en garde à vue, Adil narre le mal qui le ronge. Parfois, explique-t-il, tout son corps se « met à trembler ». Il devient soudain agité, comme s'il était atteint de spasmes, et ne parvient plus à se maîtriser. « Quand je subis une pression psychologique, je vois arriver mon malaise, précise-t-il. J'ai le cœur qui se met à battre très rapidement et je ressens une grande fatigue après la crise. Quand je me concentre trop longtemps, je n'arrive plus à suivre et je ne comprends plus ce dont on parle devant moi ou ce qu'on me dit. » Serait-il fou, malade, ou affabulateur ? Les enquêteurs sont perplexes. Adil, lui, a ses explications, aussi surnaturelles soient-elles : « J'ai une sorte de double personnalité. Un djinn qui prend possession de mon corps. » Un mauvais esprit, dans la croyance musulmane, une émanation du diable qui pénètre parfois les hommes. Selon certaines familles, les djinns vivent dans les égouts, et il est ainsi interdit, la nuit, de faire couler de l'eau brûlante dans l'évier, afin de ne pas les ébouillanter et les énerver ! Pour s'en débarrasser, Adil a tout essayé, jusqu'à se prêter à de longues séances de *ruqiya*, cet exorcisme qui consiste à réciter des versets du Coran. Cela n'a jamais marché. Il faut dire que le djinn d'Adil est un peu particulier. « Cette chose qui est en moi déteste la religion, explique-t-il. À un moment, pendant une prière, le djinn a voulu jeter par terre le Coran que j'avais dans les mains. »

Et le jeune homme, devant le regard ahuri des agents de la DGSI, de décrire comment il s'évanouit parfois, perd le contrôle, ou se met subitement à « parler une langue qui ressemble à une langue africaine ». Mais malgré sa maladie – sa folie ? –, Adil, aux yeux des enquêteurs, ne perd rien de sa valeur. Il est l'un des premiers Lunellois à avoir séjourné en Syrie. Un des deux seuls, aussi, à en être revenu en vie. Il est le témoin direct du djihad camarguais. Parti une semaine après Karim « Le Chinois », Adil explique avoir rejoint son ami à Istanbul fin novembre 2013. Les deux hommes avaient ensuite pris un bus les conduisant, à l'issue d'un périple de vingt heures, à Kilis, ville moyenne au sud de la Turquie. Avant de rejoindre l'Armée de Mohammed, à quelques kilomètres d'Alep. Tout s'était alors passé très vite. Présentés à Abou Obeida, l'émir égyptien du groupe de combattants local, avec qui ils avaient bu le thé, Adil et Karim s'étaient vu immédiatement confisquer leur passeport et expédier au camp d'entraînement. Épuisé par son djinn, Adil ne tiendra qu'une semaine… Les crises ont lieu régulièrement, beaucoup plus souvent qu'en France. « [À Lunel], les crises se manifestaient essentiellement au contact de la religion, un peu comme si j'atteignais le point d'overdose. Cela m'arrivait quand on faisait la lecture du Coran (…) La différence est qu'en Syrie, l'effet que m'a fait la religion était beaucoup plus violent », explique-t-il. Alors que jusqu'à présent Adil n'avait qu'à sortir de la pièce pour que la tempête se calme. Depuis qu'il est en Syrie, il vit un calvaire. Les crises durent vingt heures de suite et sont quasiment continues. Photosensible, il est réveillé tous les matins à 4 h 30 par les lumières du dortoir. Sa maladie ne lui laisse aucun répit. « Il est possible que l'omniprésence de la religion et les contraintes des prières qui m'étaient imposées alors que j'étais épuisé aient été responsables de la gravité et de la durée de ces crises, confie-t-il. Ils me maltraitaient et me forçaient à faire des choses que je n'étais pas en état de faire du fait de ma maladie. »

La situation devenant ingérable, Adil est finalement dispensé d'entraînement et se voit attribuer par l'émir Obeida des tâches ménagères et d'entretien. Il fait les courses au marché d'Azaz, fait la vaisselle, prépare les plats pour les combattants : « Au maximum, je préparais des repas pour cinquante personnes environ. Mais tout le monde n'était pas là en même temps. » Adil doit également faire les travaux d'extérieur, déblayer la neige dans le froid, s'occuper du réfectoire. Bref, les tâches que personne ne veut faire. Le confort est sommaire. Il n'y a, au QG de Jaysh Mohamed, qu'une à deux heures d'électricité par jour et Internet de temps en temps, disponible sur les ordinateurs et les smartphones. Aucun médicament. Au bout de quelques semaines, le jeune homme est exténué mais le responsable des activités refuse de lui restituer son passeport : « Il m'a dit qu'il était mieux pour moi de rester. » Après des jours à supplier son émir, ce dernier consentira finalement à lui remettre ses papiers d'identité. Adil part un matin sans rien dire à personne et repasse la frontière : « Je suis tombé sur des militaires turcs et j'ai cru qu'ils allaient me tirer dessus. En fait, ils m'ont laissé passer tranquillement. C'est à peine s'ils ont fait attention à moi. »

De retour en France, les crises s'atténuent. Adil se cherche en vain une épouse mais ne parvient pas à nouer une relation stable. Le djihadiste n'oublie pas la Syrie. L'État islamique et Bachar al-Assad font toujours autant partie de ses sujets de discussion. Son nom parvient bientôt aux oreilles des services de renseignement. En septembre 2014, alors que les départs au djihad de jeunes Lunellois défraient la chronique, son passeport est à nouveau confisqué, pas par l'émir Obeida cette fois-ci, mais par les autorités françaises. Le voilà qui erre, sans but ni travail. Interpellé le 27 janvier 2015, Adil dort toujours en prison, malgré sa pathologie.

Interrogé par les enquêteurs, le père d'Adil explique avoir été paniqué à l'idée que son fils puisse être enfermé dans un institut spécialisé. « C'est une maladie un peu spécifique, évacue-t-il devant la police. Les médecins ne peuvent rien faire. » Et le père de se remémorer cette fois où Adil, installé dans un café, s'était levé précipitamment avant de s'effondrer quelques mètres plus loin dans la rue, entre deux voitures. Adil délirait, bavait et gesticulait et avait été emmené par une ambulance. Il était sorti de l'hôpital le jour suivant comme si de rien n'était. Personne n'a jamais rien su du diagnostic du médecin. La honte de la famille. Un autre jour, Adil s'était mis à tousser. Une toux rauque et épaisse, de celles qui donnent l'impression qu'elle pourraient emporter un poumon. « Je lui ai posé la question de savoir ce qui se passait et j'ai entendu : "Votre fils ne se mariera jamais", raconte le père. C'était la voix de mon fils mais ce n'était pas lui qui parlait, c'était le djinn. » « Je ne voulais pas qu'il soit emmené attaché dans le Samu, insiste-t-il. Il n'est pas fou mais je ne suis pas dans sa tête. » Ses sœurs assurent qu'Adil ne s'est jamais montré violent avec personne, malgré l'ampleur de ses crises, et doutent que la prison soit un remède au mal qui le dévore. Peut-être fallait-il réagir avant. Le fanatisme religieux a, semble-t-il, privé un jeune homme des soins appropriés…

Alors qu'en deux ans rien n'a bougé, cinq enfants de Lunel sont emportés par la police dans la même journée. La voilà donc, la « filière particulièrement dangereuse » de Bernard Cazeneuve : Saad, un vendeur de voitures fêtard et séducteur ; Hamza, deux frères morts en Syrie, une famille anéantie ; Jawad, marginalisé au sein de sa communauté après avoir divorcé ; Ali, père de deux filles et qui ne s'imagine pas vivre sans elles ; Adil, un schizophrène djihadiste allergique à l'islam…

XXIII

Règlements de comptes à la mosquée El Baraka

Et pendant que le ministre de l'Intérieur fomentait ses plans, les radicaux de Lunel, en ce mois de janvier 2015, sur les réseaux sociaux, se déchaînent. Sur Facebook, les propos de Kevin, toujours aussi décousus et irrationnels, illustrent à la fois le bourrage de crâne voulu par la propagande de Daech et l'absence de contre-discours sur Internet : « J'encule Charlie, je le dis, annonce d'emblée le jeune homme. Je vais pas pleurer des gens qui insultent les croyances de tout le monde pour faire de l'oseille [sous couvert] de la liberté d'expression (...) À force de tendre le bâton pour se faire battre, on prend des coups. C'est pareil pour tout le monde. Ils (les caricaturistes, Nda) savaient à quoi ils s'exposaient en faisant ce qu'ils faisaient. Si ça les amusait de faire ça, ben qu'on vienne pas faire chier les autres parce que y en a qu'ont pété les plombs. » Kevin déverse la bouillie qu'il a ingurgitée au fil des années sur la toile. Le jeune homme s'en prend au « chien du Crif Valls », au « pédophile de Jack Lang », aux hauts dirigeants qui « pratiquent le satanisme ». Il conclut : « La liberté d'expression n'est qu'un piège destiné à pouvoir mieux nous ôter nos libertés. Comment ne pas s'énerver ? Je ne peux pas rester là à fermer ma bouche devant tant d'ignominie. » Un copain tente de le ramener à la raison : « Arrête tes conneries, quand y aura tes darons (parents, Nda) là-dedans, tu rigoleras moins. Entre écrire et tuer y a une différence. » Mais le jeune homme ne veut rien entendre. Seule la mère de Kevin semble trouver les mots justes. Dans un commentaire, sous les messages de son fils, elle écrit : « On peut être révolté sans insulter les gens, exprimer des idées sans y mettre autant de haine. Toute pensée extrême que ce soit politiquement, socialement ou religieusement ne peut que se heurter à des murs si elle ne s'exprime que dans la violence (…) Calme-toi et offre-nous un discours posé (…) Parce que précédemment je ne te reconnais pas. »

Internet fabrique des savants à la chaîne. « Je connais des jeunes, il y a deux ans, ils sortaient en discothèque, aujourd'hui ils se prennent pour des émirs ! soupire Rachid Taïbi, depuis les locaux de son club de football. Sur Facebook, l'autre jour, il y a un gamin de vingt ans qui se prenait pour un mec qui pratique la religion depuis cinquante ans. Faut qu'il arrête de se prendre au sérieux ! Il y a deux ans, il n'avait pas un poil sur le caillou et il draguait les minettes à La Grande-Motte ! » Des jeunes qui, avec leurs copains, fanfaronnent et militent contre la mixité à l'école, et se retrouvent deux heures plus tard à la salle « Keep Cool » de Lunel pour faire de la musculation au milieu des filles en débardeur et minishort... La mosquée est devenue « une véritable poudrière », explique une source du renseignement. La communauté musulmane est divisée entre ceux qui condamnent les départs en Syrie et ceux qui les tolèrent, voire les encouragent. Et puis il y a tous ceux, nombreux, qui ferment les yeux et ne prennent jamais la parole, nourrissant de leur silence un islam sectaire. Des tensions et des bagarres éclatent régulièrement sur le parking et aux abords du lieu de culte. De nombreux fidèles ne veulent plus y mettre les pieds. Les propos polémiques de Lahoucine Goumri, publiés dans le *Midi Libre*, ont attisé un incendie que nul n'arrive à éteindre...

Le temps presse, l'obscurantisme gagne. Les fidèles doivent élire un nouveau bureau à la tête de l'association gérant la mosquée. Lahoucine Goumri ne se représente pas. Un pont doit être trouvé entre les générations et les différentes sensibilités religieuses, sous peine qu'une grande partie des pratiquants se désintéressent du sort de la mosquée. C'est la crainte des autorités qu'en ce début d'année 2015 les rapports de forces s'inversent et que les rigoristes de Lunel, minoritaires, parviennent à prendre le pouvoir... « La mosquée El Baraka est organisée comme l'Assemblée nationale », sourit un bon connaisseur de son fonctionnement interne. Il y a une gauche, une droite, une extrême gauche et une extrême droite. Seules les personnes à jour de cotisation peuvent voter. Les candidats doivent résider à Lunel depuis une décennie et avoir cotisé les cinq dernières années précédant l'élection. Des têtes de liste se présentent avec trois ou quatre noms. Chaque candidat a un temps de parole. Des séances publiques sont organisées entre deux prières pour leur laisser le temps de s'exprimer. Rien de véritablement construit donc, le bouche à oreille étant suffisant pour que les informations se diffusent. Le 11 janvier 2015, après des jours et des jours de tractations, Rachid Belhaj, un habitant de cinquante-trois ans qui connaît bien la ville dans laquelle il est arrivé dans les années 1980, est élu à la tête de l'Union des musulmans de Lunel. Son élection est courte – 83 voix contre 77 – et la bronca des jeunes, qui lui reprochent d'être trop « modéré », immédiate. Les radicaux le voient comme un provocateur, un gars qui ne comprend rien à leurs problèmes, lui qui n'hésite pas à dire haut et fort tout le mal qu'il pense du djihad et des gamins partis se perdre en Syrie. Le contexte est hautement inflammable. La veille, le 10 janvier, six cents personnes ont défilé dans les rues de Lunel en soutien aux journalistes assassinés de *Charlie Hebdo* et pour marquer leur refus de « se laisser terroriser ».

La mosquée est sous haute surveillance. Rachid Belhaj ne parvient pas à gérer la pression. À peine élu, les reproches se multiplient. Belhaj s'occupe de sa mosquée comme au bled, « à la marocaine », peste un fidèle. Une fois la prière terminée, il ferme les portes du lieu de culte, là où les églises restent ouvertes toute la journée. Ce qui déplaît fortement aux jeunes : « Ils voulaient trouver dans leur mosquée un lieu de vie et d'échange. Certains vont au bar ou au café. Eux voulaient pouvoir rester ici », explique Rachid Taïbi, peu investi dans la religion, contrairement à son petit frère. De nombreux parents se plaignent des méthodes pour le moins musclées de Belhaj, qui enseigne le Coran à l'ancienne, avec des coups de pied aux fesses et des coups de règle sur les doigts. Ses opposants font circuler la rumeur qu'il vend, dans sa petite épicerie du centre-ville… des bouteilles d'alcool. Impensable pour le représentant des musulmans de Lunel ! Contesté dans chacune de ses décisions, Belhaj a du mal à faire respecter son autorité. « Il n'a aucune des deux qualités exigées pour le poste : des bras et un peu de sang ! » plaisante un pratiquant. Tout doucement, la cabale monte.

L'imam de Lunel, Elhaj Benasseur, est également pris pour cible. Le religieux, qui condamne lui aussi les départs au djihad, ne parle quasiment que l'arabe et a bien du mal à articuler quelques phrases dans la langue de Molière. Les musulmans les plus jeunes, ceux qui sont nés en France et qui ont des notions toutes relatives de la langue de leurs parents, ne comprennent rien à ses prêches. Le 3 février 2015, Karim Yahiaoui, un musulman de trente-sept ans avec un épais collier de barbe, passe la porte de la rédaction locale du *Midi Libre* et dit représenter une cinquantaine de fidèles. « Je veux un imam qui parle français à Lunel », lance-t-il à la journaliste Caroline Froelig. Il poursuit : « Quand je l'ai dit à l'imam, il m'a répondu, devant témoin, que ce n'était pas à [lui] de faire des efforts pour apprendre le français, que c'était à moi de faire des efforts pour apprendre l'arabe. » Sous couvert de vouloir un « islam de France », et pas un lieu de culte géré « par le Maroc », Karim Yahiaoui cherche en réalité à faire place nette à la tête de la mosquée, pour imposer à Lunel une tendance beaucoup plus radicale de l'islam. Lorsque les policiers du renseignement territorial ouvrent leur journal le lendemain, ils n'en croient pas leurs yeux : Yahiaoui est fiché « S » et considéré comme dangereux. Comment a-t-il réussi à étaler son point de vue sur plusieurs colonnes, dans le quotidien le plus lu de la région ? Et qui plus est sans aucun contre-discours ? Car les responsables de la mosquée, contactés par Caroline Froelig, n'ont pas souhaité répondre ni commenter les accusations de Yahiaoui. Pour la journaliste, que nous avons rencontrée, cette interview était une façon de faire sortir du bois le courant le plus dur de la mosquée : « Pendant tout l'entretien, Yahiaoui a essayé de me regarder dans les yeux pour me montrer qu'il n'était pas radical et qu'il pouvait dévisager une femme, se souvient-elle. On n'était pas dupes, on savait qu'il y avait une sorte de tentative de manipulation de sa part. » Pour la première fois cependant, les radicaux de Lunel prennent la parole publiquement, illustrant, selon la journaliste, un des principaux problèmes de la ville : « On n'y entend que les élus et les extrémistes. » La chef d'agence du *Midi Libre*, pugnace et courageuse, a eu fort à faire durant son passage à Lunel. Blacklistée par le maire Claude Arnaud et ostracisée par les radicaux, elle est aujourd'hui retournée à la rédaction de Montpellier, après des années de combat.

XXIV

Les radicaux tentent de prendre le pouvoir

Dans un troquet de Lunel, l'attachée de presse de Bernard Cazeneuve prépare en amont la visite du ministre de l'Intérieur prévue quelques jours plus tard, le 7 février 2015. Tout doit être au point afin que le patron de la place Beauvau, accompagné de la ministre du Travail Myriam el Khomri, ne risque absolument rien. C'est ainsi qu'une rencontre en apparence fortuite entre l'imam et le premier flic de France est organisée dans un petit café du centre-ville. Les caméras sont priées de rester à l'entrée. Le porte-parole de la mosquée, Jamel Abdel-kader, par ailleurs gérant de deux auto-écoles, joue le rôle de traducteur. Âgé d'une quarantaine d'années, ce père de famille à la barbe étudiée et à la tenue soignée, dont le neveu est parti faire le djihad, fait office de médiateur entre les différents courants religieux de la mosquée. Au cours de la rencontre à laquelle nous assistons, Bernard Cazeneuve multiplie les questions, veut tout savoir, tout comprendre. Qui dirige la mosquée ? Quelles tendances religieuses sont représentées ? Qui sont les radicaux ?

Sur ce dernier point, le ministre s'est déjà fait son idée. Un peu plus tôt dans la matinée, il a rendu visite à la brigade de gendarmerie de Lunel, une des plus importantes de France en terme d'effectifs et une des plus efficaces en terme de résultats. Denis Favier, ex-directeur général de la Gendarmerie nationale, et Jean-Philippe Lecouffe, commandant la région de gendarmerie du Languedoc-Roussillon, sont là pour l'accueillir. Les deux généraux, qui ont une idée derrière la tête, proposent un café au ministre, qui grimpe derrière eux, accompagné de Florian de Bousquet, le préfet de région, dans l'aile droite de la caserne abritant la brigade. Les quatre hommes pénètrent dans une salle où les attend un vidéoprojecteur. Un immense plan de Lunel est accroché au mur où l'on distingue des petites pastilles rouges disséminées un peu partout dans la ville et correspondant aux habitations des gendarmes. Pour les pandores, il s'agit de convaincre le ministre que la gendarmerie est la mieux armée pour recueillir le renseignement susceptible d'assurer la protection des populations et la prévention des attentats. En clair : la plus apte à identifier ce qu'on appelle dans le jargon policier les « signaux faibles » en matière de radicalisation islamiste. Pour les képis, l'enjeu est extrêmement important : le patron de la place Beauvau doit décider dans les semaines suivantes si oui ou non les pandores pourront faire du renseignement territorial dans les zones où la police n'est pas implantée, comme par exemple à Lunel. Le renseignement ? Une matière noble et précieuse jusque-là réservée aux policiers. Mais la démonstration des gendarmes fait mouche. Répartis aux quatre coins de la ville et impliqués socialement dans de nombreuses associations, les gendarmes maillent efficacement le territoire. Leurs enfants sont scolarisés dans les écoles de la commune, leurs épouses côtoient les autres mères de famille, certains militaires animent des clubs sportifs… Bref, les informations leur remontent. Un officier de gendarmerie, moniteur de judo dans un club de la ville, finit de convaincre Bernard Cazeneuve en expliquant le profil du public qu'il accueille : des jeunes musulmans issus majoritairement de l'immigration maghrébine. Bernard Cazeneuve ressort satisfait de sa visite. La gendarmerie sera bientôt intégrée dans le nouveau dispositif du renseignement territorial...

Quelques heures plus tard devant la presse, le premier flic de France tape du poing sur la table. L'index et le pouce reliés en un cercle, les autres doigts de la main bien tendus, le ministre ponctue ses propos d'amples mouvements du bras comme s'il donnait la mesure : « Il n'y aura aucun sanctuaire pour les terroristes en France, jure-t-il. (...) À Lunel, comme partout ailleurs en France, la République s'est dressée. Elle est demeurée debout pour dire à ceux qui voulaient l'atteindre qu'elle était plus forte que toutes les formes de violences. » Les autorités religieuses se sentent légitimées par le discours du ministre. Pas le maire, qui goûte peu la venue de l'édile. Entre eux, le dialogue passe mal. Claude Arnaud sert son refrain habituel sur la stigmatisation de Lunel par les médias, comme s'il y avait une machination ourdie par on ne sait qui. Cazeneuve ne lui prête aucune attention.

Reste que Claude Arnaud a au moins raison sur un point : le déplacement des ministres n'a apaisé personne. Les tensions reprennent de plus belle aussitôt la délégation gouvernementale partie, et le conflit dégénère jusqu'à un point de non-retour, le mardi 4 août 2015. Ce jour-là, l'imam Elhaj Benasseur porte plainte pour menaces de mort réitérées à l'encontre de deux radicaux, Benaissa Ouaicha, trente et un ans, déjà condamné à cinq ans de prison pour trafic de stupéfiants, et Karim Yahiaoui, trente-sept ans, celui-là même qui, quelques mois plus tôt dans le *Midi Libre*, avait réclamé la tête de l'imam… Devant la police, Benasseur jure être harcelé par un groupe d'une dizaine d'islamistes proches des Lunellois partis en Syrie, lesquels chercheraient à le remplacer par un prédicateur favorable à la « guerre sainte ». Benasseur craint pour sa sécurité. Le 28 juillet, selon des propos qu'il rapporte aux enquêteurs, Yahiaoui et Ouaicha lui auraient dit qu'ils allaient « le massacrer » et « le brûler » avec ses enfants. « Si les gendarmes cherchent après moi, la première chose que je ferai, je tuerai l'imam », lui aurait soutenu l'un d'entre eux, avant d'asséner : « Fiche le camp ou on va te démolir. » Des menaces confirmées par le président de l'union des musulmans de Lunel, Rachid Belhaj, qui explique avoir été contraint de céder une salle de la mosquée pour que les fidèles en rupture avec la communauté, à savoir des jeunes radicaux, puissent prier à l'écart. Exactement ce que voulaient éviter les autorités…

La situation n'est plus sous contrôle. La fréquentation de la mosquée a diminué de moitié. Belhaj décide de réagir et fournit aux enquêteurs une sorte d'organigramme des Lunellois les plus dangereux. Interrogé par les gendarmes, Karim Yahiaoui reconnaît des insultes – pas des menaces – et nie s'être radicalisé. Les enquêteurs découvriront pourtant chez lui une photographie de djihadistes porteurs d'armes de guerre ; et dans sa voiture, une sorte de masse en bois cloutée extrêmement dangereuse, que l'islamiste dit détenir pour sa propre « sécurité ». Quelques semaines plus tard, Karim sera questionné sur cette étrange matraque par un journaliste du magazine de M6 « Zone Interdite ». La séquence est hallucinante. Le journaliste mène son interview et interroge Yahiaoui à l'intérieur de la mosquée : « Tout le monde n'a pas ça dans son coffre, quand même ? » Et Karim de répondre : « C'est comme un tournevis. » Des déclarations vues par tous ses amis et visionnées des milliers de fois sur Internet qui lui vaudront, malgré le climat d'extrême défiance qui règne à Lunel, de devenir la risée du quartier. « Tout le monde s'est foutu de sa gueule, plaisante un proche. En plus, la honte, il racontait partout que la photographie des djihadistes que les flics ont retrouvée chez lui appartenait à son épouse ! »

Karim a joué aux gros bras mais, à en croire ses copains, ne serait pas vraiment islamiste. Un vrai pied nickelé, fervent admirateur de Francis Cabrel, jure-t-on. « Karim, on l'appelait Maldini (légende de l'AC Milan, Nda), raconte un ami d'enfance. Même fondamentaliste, il se promenait avec les cheveux longs et une longue veste d'entraîneur ! » Le tribunal correctionnel de Montpellier n'aura pas la même vision des choses. Dans leur jugement rendu en septembre 2015, les magistrats insistent sur des faits « particulièrement graves en ce qu'ils portent sur l'organisation du libre exercice du culte, et tendent à imposer une ligne religieuse et politique par la force à des pratiquants par ailleurs vulnérables ». Ils condamnent les deux hommes à seize et dix-huit mois de prison assortis d'un sursis avec mise à l'épreuve et interdiction de fréquenter la mosquée de Lunel. Yahiaoui et Ouaicha feront immédiatement appel et pourront ainsi continuer à se rendre dans l'édifice, en attendant d'être jugés une seconde fois[1].

Au moment même où le tribunal rend son jugement, les autorités religieuses de Lunel organisent une *Mashura*[2], une sorte de conseil d'administration qui donne des avis sur les dépenses importantes ou les projets de la mosquée. À Lunel, la *Mashura* prend la forme d'un conseil de sages d'une dizaine de personnes, parmi les fidèles les plus assidus. La sélection se fait par l'âge, l'expérience et l'implication dans la vie religieuse. Ce jour-là, la réunion n'a pas encore vraiment commencé que des participants font savoir qu'ils auraient préféré que le contentieux entre les radicaux et l'imam se règle à l'amiable plutôt que devant la justice française. Alors quitte à aborder les sujets

1. La procédure était toujours pendante devant les tribunaux lors de la publication de cet ouvrage.

2. Une consultation, en arabe.

qui fâchent, autant le faire maintenant, une bonne fois pour toutes ! La *Mashura* se déroule sans incident jusqu'à l'arrivée soudaine de six jeunes, proches de Karim Yahiaoui et Benaissa Ouaicha, qui reprochent ouvertement à l'imam d'avoir collaboré avec les flics. « On ne te fait plus confiance, lui disent-ils. On ne veut plus prier derrière toi. » Isolé par les menaces et le manque de confiance, la pression est trop forte. L'imam Benasseur abandonne et part en pèlerinage[1]. Un imam venu du Maroc et proposé par le Conseil régional du culte musulman (CRCM) assure l'intérim quelques semaines, avant de jeter l'éponge à son tour. Voilà la communauté de Lunel orpheline…

Quant à Rachid Belhaj, le président de l'Union des musulmans de Lunel, il va lui aussi être mis dans l'embarras. En cause ? Ses propos tenus devant les gendarmes dans lesquels il accusait l'ancien bureau de l'association d'avoir favorisé le départ de jeunes Lunellois en Syrie et en Irak. Resté jusque-là secret, le contenu de ses déclarations, soigneusement consignées sur procès-verbal,

1. Contacté via son avocat, Me Mendel, l'imam Benasseur n'a jamais souhaité nous rencontrer.

s'était retrouvé dans les mains de Karim Yahiaoui au moment de son procès, lequel s'était empressé d'en donner copie à ses petits camarades... Le 13 septembre 2015, Axel, le trésorier de la mosquée, profite d'une heure de grande affluence pour lire le procès-verbal à voix haute devant une assemblée de 800 fidèles. Humilié, Rachid Belhaj annonce sa démission le jour même et quitte l'association à compter du 14 octobre. À la stupeur générale, les radicaux sont sur le point de réussir leur tour de force.

Une nouvelle élection est organisée, la deuxième en moins d'un an. Plusieurs hommes font savoir qu'ils seront candidats, dont un maçon et un garagiste qui, tous, ont entre cinquante et soixante-cinq ans. Les jeunes font pression : « Des radicaux tentent de prendre le pouvoir », titre le *Midi Libre* le 21 octobre. Une « immense majorité de musulmans silencieux » est prise en otage, assure le journal. Dimanche 25 octobre, jour du vote, les fidèles se rassemblent vers 14 heures pour la prière mais des incidents éclatent en milieu d'après-midi au moment de l'élection. Les partisans du président démissionnaire Belhaj s'invectivent avec les radicaux. Les insultes pleuvent, les coups partent. Belhaj, paniqué, s'enferme dans son bureau et appelle les militaires de la gendarmerie pour qu'ils interviennent. Son beau-frère a pris une claque et un coup de poing. Les griffures sur son visage lui valent un point de suture. Le président du Conseil régional du culte musulman du Languedoc-Roussillon fait le déplacement pour apaiser les esprits. Les élections sont reportées au dimanche 1er novembre. Une semaine plus tard, c'est finalement un modéré qui l'emportera, Benaïssa Abdelkaoui, un chauffeur routier de cinquante-quatre ans, initialement candidat au poste de trésorier. L'homme est élu président par 91 voix sur 93. De nombreux fidèles ont boycotté les urnes. D'autres cherchent à se faire oublier.

Lahoucine Goumri, l'ancien président très contesté de la mosquée de Lunel, proche de plusieurs djihadistes lunellois, disparaît ainsi des radars des autorités pour se consacrer entièrement à son cabinet de *hijama*[1], à Montpellier. Une « médecine prophétique », selon les croyants, répandue dans la Grèce antique et l'Égypte des pharaons.

1. De l'arabe absorber, extraire.

La technique consiste à extraire et épurer le « mauvais sang » en apposant sur le corps des verres à ventouse chauffés à blanc. En quelques minutes, sous l'effet de succion, le sang remonte dans les verres, laissant des marques rondes et rouges sur la peau, lesquelles, si les opérations sont bien menées, s'effacent avec le temps. Plusieurs sportifs, comme le nageur américain Michael Phelps, ont recours à cette technique, bien que son efficacité, sur le plan médical, n'ait jamais été prouvée. Lahoucine Goumri, lui, en a fait son business et met en scène son propre enfant de cinq ans dans une démonstration filmée de son art, publiée sur Facebook... « Allah est celui qui apporte la guérison », écrit-il. Avant d'annoncer, toujours sur le réseau social, les prémices d'un nouveau combat contre le progrès : « Le vaccin raccourcit la vie. À bon entendeur. »

XXV

« Un mode de vie contre l'autre »

Lunel n'est pas la « capitale du djihad », mais le nombre de personnes décédées au même moment en Syrie et originaires de la ville a attiré les médias par dizaines. Les chaînes d'information en continu y ont planté leurs caméras. *Le Monde* et plusieurs journaux nationaux ont fait le déplacement. Même le *New York Times* a dépêché un correspondant sur place pour tenter d'analyser le phénomène. Complètement dépassé, Claude Arnaud, le maire divers-droite de la ville, s'est muré dans le silence, forçant Pascal Gomez, Tahar Akermi ou encore Rachid Taïbi, trois animateurs issus de la société civile et pas forcément proches de la mairie, à recevoir la presse à tour de rôle. « Après l'article du *New York Times*, j'ai été appelé par une quinzaine de médias de tous les pays, sourit Pascal. J'ai reçu tous les journalistes qui me le demandaient et je leur ai fait faire un tour de la ville. Quand ils ont vu que c'était ça, Lunel, un endroit où l'on pouvait aller partout sans danger, ça s'est calmé. Il fallait juste écraser le charbon avant que ça prenne feu. Tout le contraire de ce qu'a fait le maire. Pendant tout ce temps, je me suis quand même demandé : où est-il ? »

Accusé d'avoir nourri le communautarisme et d'avoir laissé l'islam radical prospérer dans sa cité, accablé de voir Lunel désigné comme un nid de djihadistes, Claude Arnaud a préféré s'enfermer dans sa mairie. « Il est totalement psychorigide. Non seulement il a géré de façon catastrophique cette affaire, mais en plus il ne veut rien écouter », s'agace un ministre du gouvernement Valls, ayant pu s'entretenir avec lui lors d'une de ses visites. Lui, le maire, le représentant de l'État dans sa commune, s'est caché. Et ce n'est qu'une fois la tempête médiatique passée que l'édile tiendra une conférence de presse, à laquelle seuls quelques médias locaux assisteront. Le mal est fait, l'image de Lunel à jamais détériorée. Deux ans après le début de la crise djihadiste, Claude Arnaud a enfin accepté de se confier[1]. Pourquoi ce si long silence ? Reconnaît-il une erreur stratégique, une lâcheté, une abdication ? Était-il désemparé ? Comment a-t-il vécu les événements ? Tenue soignée et allure impeccable, orgueilleux aux cheveux cendrés, le maire nous reçoit fin septembre 2016 dans son bureau, où s'empilent dans un coin les plans des futures arènes de Lunel. Très sûr de lui, Claude Arnaud apparaît attaché à sa commune et à ses traditions, mais totalement déconnecté de la réalité de sa ville. Une heure durant, il nous fait l'éloge de sa politique locale, ne laissant place à aucune question, nous donnant l'impression d'assister à un cours magistral. Puis satisfait de son adresse, l'édile nous invite à quitter son bureau et nous conduit – en présence de son cabinet – dans un de ses restaurants préférés, un des meilleurs de la ville. « Claude Arnaud ne fait pas semblant, remarque un opposant à l'accent méridional. Il remplit ses promesses mais ne cherche à plaire qu'à son électorat. » « Arnaud voit tout simplement sa ville blanche. Les Maghrébins, il ne s'en occupe pas », nous souffle un autre à l'oreille.

1. Entretien avec les auteurs, septembre 2016.

Là, dans son antre chic, un verre de vin rouge à la main, Claude Arnaud explique gravement : « Le cœur de Lunel a été envahi. » Les mots, extrêmement forts, claquent au-dessus de la table de déjeuner. Du coin de l'œil, nous voyons sa conseillère communication, assise à nos côtés, hausser un sourcil inquiet et épier le moindre mouvement de notre stylo. Il ne faudrait pas, après avoir évité les journalistes pendant des mois, que le maire déraille devant eux... Mais Claude Arnaud poursuit, implacable. Il faut, dit-il, reconquérir le centre-ville et ses commerces de proximité. Sa stratégie ? Racheter les immeubles du centre-ville, en faire de l'habitat à l'étage et de l'associatif ou du service public au rez-de-chaussée. « C'est un moyen d'amorcer la pompe pour que le privé revienne, précise-t-il. On a récemment racheté un local dans le centre-ville car ça allait déraper. Quand je dis que ça allait déraper, c'est parce que ça allait tourner en kebab, et ce n'est pas ce que les Lunellois veulent... » Désenclaver le centre-ville : une idée qui met tout le monde d'accord mais qui semble très difficile à réaliser. Dès 2001, Claude Arnaud, fraîchement élu, avait commandé un audit à un cabinet d'architectes urbanistes de Montpellier. L'étude prônait un décloisonnement du centre historique avec une importante percée murale effectuée dans le prolongement du boulevard Victor-Hugo, l'une des principales artères de la ville reliant la gare au centre. Quinze ans plus tard, rien n'a été fait et il semblerait qu'Arnaud n'ait ressorti l'étude des cartons que très récemment. « Bien sûr qu'il faut ouvrir les remparts du centre-ville qui ont créé une barrière naturelle, s'agace l'édile. On suit les préconisations qu'on nous a faites : "Chaque fois que vous pouvez, percez, percez et percez encore". » Mais la municipalité, dit-il, a besoin de temps pour réaliser un tel projet. Les propriétaires ne vendent pas si facilement leur appartement ou leur magasin et quand c'est le cas, encore faut-il avoir la possibilité de les reloger dignement.

Confronté au phénomène djihadiste, Claude Arnaud avoue à demi-mots son impuissance et explique les raisons qui l'ont poussé à fermer sa porte aux médias. Les journalistes, leur empressement, leur faculté à sortir les propos du contexte et à choisir trente secondes de plans sur une demi-heure d'entretien, très peu pour lui : « Ce que nous disions n'était pas audible. Les journalistes arrivaient avec leurs idées et restaient dessus. » Claude Arnaud réfléchit, pèse ses mots, puis finit par se lancer : « La vérité, c'est surtout que, quand les journalistes nous ont sollicités, on était infoutus de parler du fond. On était obligés de dire des banalités, on ne savait rien. On ne savait rien de rien. Je déplore encore aujourd'hui qu'on nous tienne dans le secret. » Claude Arnaud, comme tous les acteurs politiques locaux, assure ne pas avoir vu venir les départs au djihad. Les formes de radicalisation, oui : « On sentait que ça se durcissait. Des gens qui ne se couvraient pas se mettaient à se couvrir. Les hommes se laissaient pousser la barbe. On sentait vraiment que ça commençait à glisser. » Et le maire de narrer cette anecdote – qu'il aime raconter partout, même à l'Assemblée nationale où il a été auditionné par la commission d'enquête parlementaire déclenchée après les attentats de Paris – de cette femme entièrement voilée croisée en 2012 dans les rues de Lunel : « Je vois cette femme en niqab accompagnée de son mari. Ça, je ne supporte pas. J'appelle aussitôt la gendarmerie et le mari me sort alors un certificat médical d'un médecin de Marseille comme quoi la dame serait atteinte d'une maladie de la peau qui l'obligerait à se couvrir. Non seulement la fille n'a pas été contraventionnée mais en plus, à l'époque, j'avais reçu un coup de fil du préfet qui me demandait de calmer le jeu. C'est quand même incroyable : on nous donne une loi, mais on ne peut pas l'utiliser car on nous accuse de foutre la merde ! »

Élu depuis 2001, expert-comptable de profession, Claude Arnaud affirme avoir vu sa ville « grandir, et grandir mal ». « Les équilibres ont été rompus, dit-il. Il y a eu une démographie galopante sur trente ans. Lunel a été envahi, occupé par des populations à forte demande d'assistance et en majorité maghrébine. Le cœur de ville a été touché. » De fait, l'immigration a été beaucoup trop rapide, Lunel a été incapable de l'absorber. La ville fait face à des taux de chômage extrêmement élevés. Quant au travail peu qualifié – la récolte des melons, du raisin et des asperges –, il est surtout saisonnier. Conséquences directes : de nombreuses personnes, qui ne sont employées à Lunel que pour quelques mois, s'y installent pour l'année sans autre source de revenus. La politique de logement social menée tambour battant par la gauche dans les années 1990 n'a pas arrangé les choses, participant à une paupérisation du centre-ville et une fuite des foyers aisés vers la périphérie. Un tableau extrêmement sombre. Désormais intarissable, Claude Arnaud poursuit : « Dans ces familles d'origine immigrée, il y a une carence d'éducation. Beaucoup de jeunes ne franchissent pas la troisième. » Les enfants ne sont pas aidés à la maison ou pas assez, et les pouvoirs publics n'ont pas suffisamment pris le problème à bras le corps, convient le maire : « Il y a des générations qui ne trouveront jamais de boulot. J'espère que je me trompe. »

Depuis dix ans, l'édile cherche donc à « aplatir la courbe de la démographie », une expression très technocratique et qui signifie, dans sa bouche, freiner de toutes ses forces l'immigration. Claude Arnaud assure que sa ville a de nombreux atouts – une gare et une autoroute à proximité – mais qu'elle manque cruellement de foncier : « Actuellement, je suis obligé de refuser des demandes d'entreprises de taille intermédiaire qui veulent s'implanter ici car nous n'avons pas assez d'espace. Nous militons pour une déviation de la N113 qui asphyxie Lunel et qui l'empêche de s'étendre. » Ce que ne dit pas Claude Arnaud, c'est que son caractère et son conservatisme ont fatigué plusieurs de ses partenaires locaux et ont fortement contribué à l'isolement politique du maire de Lunel au sein de l'agglomération, du département et même de la région. Arnaud a été jugé indésirable par l'ancien maire de Montpellier et président de région, Georges Frêche, aujourd'hui décédé, mais a également été mis au ban de la droite, son propre camp. Ainsi Claude Arnaud et Stéphan Rossignol, actuel maire de La Grande-Motte et président de la communauté d'agglomération du pays de l'Or, se livrent-ils une guerre sans merci, le second prenant même au premier son directeur de cabinet…

En 2017, les arènes sont de nouveau en travaux, au grand dam d'une très grande partie de la population. « La seule réponse qu'a trouvée le maire au tsunami qui s'est abattu sur la ville, c'est de couvrir les arènes », tranche Noreddine Beniattou, conseiller municipal de Lunel. Un projet pharaonique qui divise la population, symbole d'une fracture identitaire entre les Pescalunes et les descendants d'immigrés. Même les aficiounados[1] crient à l'hérésie : « Investir dix millions d'euros pour les transformer en salle de spectacle... C'est n'importe quoi, tacle un proche du maire. Lunel se trouve entre Nîmes et Montpellier, et on ne peut ni concurrencer les arènes de Nîmes ni la salle de spectacle Arena de Montpellier. De plus, il n'y a pas le public, ici, pour mettre 80 euros dans une place. » Un des colistiers d'Arnaud n'en pense pas moins : « L'actualité récente aurait dû le pousser à renoncer mais c'est une façon de dire merde à tout le monde. » Cabochard, le maire n'en fait qu'à sa tête et assume, pour Lunel-la-pauvre, un projet de plusieurs millions dont les coûts ne cessent d'exploser : « J'en ai assez d'avoir le nez dans la boue et de m'y complaire. Je veux donner de l'espoir (...) Lunel a le droit d'avoir de l'ambition, de voir plus loin. Cette ville est un haut lieu de convivialité. Elle doit le rester. »

En fin de repas, il nous livre le fond de sa pensée : « Il y a quatre ou cinq ans, quand j'ai voulu faire contraventionner la dame en

1. L'équivalent provençal de l'espagnol *aficionado* qui désigne le passionné de courses de taureaux.

burqa, son mari m'a lancé : "Ma seule loi, c'est le Coran" (...) Y a un moment, je me suis dit : "mais qu'est-ce que je fous dans ce merdier ?" Je ne vois pas mes enfants ou pas assez, pareil pour mes petits-enfants. » Mais Claude Arnaud ne s'imagine pas partir, une question d'honneur. Il affirme s'être trop investi pendant toutes ces années pour baisser les bras : « On est bien dans un mode de vie contre l'autre. C'est plus que de la religion. Car pour eux (les musulmans, Nda), la religion, c'est la loi. Nous, nous avons fait la part des choses. Je ne suis pas là pour faire une guerre. Mais je ne supporte pas l'idée d'être chassé de chez moi. » Le maire de Lunel réfute toute responsabilité dans la crise actuelle : « On nous a culpabilisés en nous disant qu'on avait loupé l'intégration des jeunes. Je le pensais, moi aussi. Je ne le pense plus du tout ! Pour certains, l'Occident n'est tout simplement pas un modèle. » Et Claude Arnaud de s'interroger sur le vivre-ensemble qui, selon lui, « ne reflète pas la réalité. Moi, tout ce que je sais, c'est qu'il y a des modes de vie que je ne souhaite pas : la femme voilée, les vestiaires séparés, etc. En 2014, je n'ai pas trompé mon monde. Les arènes, le service jeunesse : j'ai fait très exactement ce que j'avais promis. Je propose avec mes amis ma vision, à moi, de Lunel. Si les Lunellois n'étaient pas d'accord avec ça, eh bien je rentrerais chez moi ».

XXVI

L'épitaphe du djihad

Il faudra de très longs mois pour que la mosquée panse ses plaies et se trouve un nouvel imam. Les départs successifs au djihad et les conflits qui opposent les fidèles depuis le début de l'année 2015 ont refroidi les bonnes volontés. Personne ne tient à tomber dans le guêpier lunellois. L'Union des musulmans est contrainte de proposer une belle augmentation de salaire pour qu'un religieux avec un peu d'expérience – il en faut ici ! – se décide enfin. C'est chose faite le 2 septembre 2016. Said Ait Laama, âgé de quarante-trois ans, anciennement en fonction à Cholet où il était très apprécié et avait excellente réputation, s'installe à la mosquée El Baraka. Arrivé à Blois à l'âge de onze ans, petit-fils d'un combattant marocain de la Seconde Guerre mondiale, l'imam, jeune et avenant, semble avoir toutes les qualités pour exercer à Lunel. Charismatique, Said Ait Laama a le contact facile et une maîtrise parfaite de la langue française. Poignée de main ferme et regard franc, il accepte de nous rencontrer, là où ses prédécesseurs s'y étaient toujours refusés. Connu pour ses prises de position en faveur du dialogue interreligieux, l'homme se dit[1] parfaitement conscient des événements passés mais affirme être là pour aider la communauté à aller de l'avant. Pour lui, les djihadistes lunellois sont avant tout des victimes. Des « victimes des lobbies et d'Internet », précise-t-il. Et si le débat a été plus politisé ici qu'ailleurs, c'est parce qu'on n'a « prêté aucune attention aux familles qui souffraient ». Les yeux dans les yeux, Said Ait Laama prend des engagements : « Si n'importe quel fidèle, jeune ou ancien, est dans l'excès ou le radicalisme, j'aurai un entretien personnel avec lui pour lui montrer les vraies orientations de l'islam. »

Très vite après son arrivée, la mosquée

1. Entretien avec les auteurs, 7 décembre 2016.

El Baraka a retrouvé une fréquentation importante. 800 à 1 000 fidèles s'y agrègent désormais lors du prêche du vendredi, 200 les autres jours de la semaine. Soit presque autant qu'à la grande époque, au début des années 2010. Said Ait Laama affirme connaître tous les courants de pensée (Tabligh, salafisme, Participation et spiritualité musulmanes, etc.) mais ne dépendre d'aucun d'entre eux : « Mon esprit, c'est l'universalité. » Peu à peu, il semblerait que les jeunes dissidents rentrent dans le rang et pratiquent à nouveau sereinement. « On les a négligés, veut croire l'imam. On ne leur expliquait pas l'islam dans leur langue, on ne les a pas formés, on les a privés de l'enseignement religieux, et donc ils étaient frustrés. » Said Ait Laama cherche désormais à s'entourer de personnes compétentes pour animer la *Madrassa*, l'école coranique qui dispense des cours auprès de 320 élèves. Un vœu partagé par la mairie et les pouvoirs publics qui manquent d'interlocuteurs fiables. « Après ce qui s'est passé avec l'imam Benasseur, il fallait fermer la mosquée le temps de faire le ménage et de s'appuyer sur de nouvelles élites issues de l'immigration, ose Philippe Moissonnier, élu PS. Ce n'est pas une question de taille ou de nombre, c'est une question d'érudition. Pendant la crise, on ne savait pas à qui s'adresser. » Le gouvernement a fait la politique de l'autruche et n'a proposé aucun relais sur le terrain, aucun médiateur à même de faire la liaison entre autorités de l'État et autorités religieuses. Le Conseil français du culte musulman (CFCM) et les autres instances représentatives de l'islam de France ont crié à l'islamophobie… mais n'ont rien fait au sein de la communauté pour ostraciser les mauvais discours. La prévention de la radicalisation a été reléguée au rang de mirage.

Partout en France et en particulier en région parisienne, le ministère de l'Intérieur, pris de court par l'ampleur du phénomène et en l'absence de travaux universitaires conséquents, a travaillé dans la précipitation, confiant parfois les clefs de la déradicalisation aux premiers venus. Surexposition aux médias, manque d'argent, souffrance des familles… Le retour d'expérience est catastrophique. « Les structures mises en place servent surtout de vitrine médiatique, qui permet à l'État de montrer qu'il agit pleinement pour lutter contre la radicalisation sans y mettre les moyens », constate Julien Revial, un ancien étudiant qui a participé à l'un des projets lancés par le gouvernement et qui a tiré un livre de son expérience[1]. L'ancienne chef de la structure où travaillait Julien, Sonia Imloul, plusieurs fois mise en cause dans des affaires d'escroquerie, s'est quant à elle retrouvée en garde à vue puis mise en examen, soupçonnée d'avoir falsifié son RIB et encaissé de l'argent public sur les comptes en banque de sa famille. Condamnée à quatre mois de prison avec sursis pour « détournement de fonds », elle n'est pas la seule responsable du fiasco. Son association, baptisée La Maison de la prévention et de la famille, était en fait une coquille vide qui servait, entre autres, d'officine de renseignement à la préfecture de police de Paris. Sans aucune expérience, non assermentée, la responsable associative, censée faire un travail de réinsertion, avait en réalité rédigé... des fiches de police sur ses « clients » ! Comme l'atteste cette note que nous nous sommes procurée, datée du mois

1. *Cellule de déradicalisation, chronique d'une désillusion*, éditions Michalon, septembre 2016.

de mars 2015, et directement adressée par elle au cabinet du préfet de police :

« Monsieur D. est rentré sur le territoire français le jeudi 5 mars 2015. Il m'a contactée le 7 mars par l'intermédiaire de sa sœur que nous suivons au sein de notre structure (...) Je me suis entretenue durant environ une heure avec Monsieur D. », peut-on lire. Sonia Imloul joue ensuite les agents de renseignement : « Au cours de cet entretien, il m'a indiqué qu'à son arrivée en Syrie, il occupait un poste au sein de la police de l'État islamique. Il indique avoir côtoyé de nombreux djihadistes occidentaux : des Français, des Belges, des Américains, des Australiens. Ce sont principalement eux qui sont envoyés à la mort (...) L'exécution atroce d'un pilote jordanien brûlé vif debout en février 2015 constitue l'élément déclencheur pour Monsieur D. qui décide alors de rentrer en France (...) Les autorités de l'État islamique lui ont indiqué que s'il racontait quoi que ce soit concernant son séjour en Syrie, des membres de leur service de "contre-espionnage" présents en France s'en prendraient à sa famille, notamment sa mère et sa sœur. Des menaces intimidantes prises très au sérieux car Monsieur D. sait qu'ils sont "partout". »

En clair : un travailleur social avait été mandaté par l'État pour endosser le rôle d'indic ! D'autres échanges de la responsable associative avec la préfecture de police montrent avec quelle impréparation le gouvernement a tenté d'endiguer le fléau du djihad. En septembre 2014, le cabinet du préfet de police de Paris contacte de toute urgence Sonia Imloul pour l'avertir qu'un jeune radicalisé doit sortir le lendemain de la prison de Villepinte. Il faudrait lui offrir rapidement un accompagnement afin de lui éviter de mauvaises rencontres… Nous sommes en début d'après-midi. La réponse de Sonia Imloul parvient au cabinet le soir vers 21 heures : « Je viens à l'instant de raccrocher avec la maman, elle est évidemment très très inquiète (…) Il est fort probable que demain matin, un groupe de radicaux se présente à la sortie de la maison d'arrêt de Villepinte afin de lui proposer le "gîte et le couvert" et ainsi le couper de sa famille et continuer l'embrigadement ! Est-il possible aux services de surveiller sa sortie ? Nous attendons dans la matinée que la maman nous communique le nouveau numéro de portable du sortant (que je vais vous transmettre). Nous entrerons alors en contact avec lui pour commencer la phase de déradicalisation. » De quel type de « déradicalisation » parle-t-on ? Selon quels enseignements ? Quelle doctrine ? Mystère. Une fois encore, l'amateurisme des pouvoirs publics est à peine croyable. La faute, inexcusable. Les justifications de la préfecture de police, maladroites[1] : « Nous avons un cadre déontologique très clair, respectant le secret professionnel, fait-elle savoir. Chacun son métier et, en aucun cas, il [n'a été] demandé à un travailleur social ou à un psychologue de fournir des renseignements sur une situation. »

À Lunel, l'État n'a pas même fait semblant d'agir. Dans une pizzeria du centre commercial, en cette fin d'année 2016, nous dînons en compagnie de Rachid Taïbi et de Mohamed Mosli, époux d'une femme décédée de maladie, père de deux fils djihadistes morts en Syrie, et d'un troisième, Hamza, incarcéré en France pour avoir soutenu les combattants

1. *Le Parisien*, 23 février 2017, « Les curieuses activités d'un centre de déradicalisation ».

de l'EI. Mohamed, agent de sécurité dans un musée et arrivé en France en 1977, est un monsieur très pieux et conservateur, barbe blanche taillée ras, grande taille et maintien haut, le regard constamment ailleurs. Il fut certainement un temps où Mohamed avait du charisme et de l'allure, il n'est plus que tristesse et mélancolie. Pour le moment, Mohamed est anéanti. Comme d'autres parents lunellois qui ont perdu un ou plusieurs proches en Syrie, le vieil homme aurait bien eu besoin d'une présence de l'État, d'un accompagnement ou d'un soutien psychologique. Il nous assure ne pas en avoir eu et jure qu'on ne lui en a même jamais proposé un… Le père a vu ses enfants basculer dans la radicalité, mais ne s'est pas vraiment inquiété : lui-même rigoriste, il a du mal à comprendre. Il revoit son fils, Hamza, en plein milieu de son mariage en août 2014, appeler ses amis pour saluer ses frères, connectés à des milliers de kilomètres de là sur Skype. Depuis son ordinateur, Houssem tenait absolument à féliciter son aîné, le califat venait d'être proclamé. Décalage terrible entre ce Lunel qui fête ses futurs mariés et cette Syrie qui célèbre un mode de vie qu'elle est censée abhorrer. Mohamed a encore l'image en mémoire. Pour lui, ses enfants ont juste été « naïfs ». À l'entendre, le jeune Sabri n'aurait quitté la France que pour rejoindre son frère dont il était très proche et qui s'occupait de lui depuis la mort de leur mère, au début des années 2000 : « Quand j'ai appris que Sabri était en Syrie, je l'ai appelé et il m'a dit : Papa, je peux pas vivre sans mon frère. C'est tout. » Sentant que son enfant avait des tentations de départ, Mohamed avait pourtant confisqué ses deux passeports, français et tunisien. En vain, le jeune homme partira en Turquie avec sa simple carte d'identité...

Pour ce père qui peine à trouver des raisons de vivre, le but de ses enfants était noble : « Ils ne sont pas partis pour s'enrichir. Ils sont partis parce qu'il y avait des morts. Le fait de vouloir aider la veuve et l'orphelin, ça a touché le cœur de plusieurs hommes... Aujourd'hui, je n'ai plus rien. J'ai un petit-fils qui est né là-bas. Je ne sais même pas s'il est vivant. » À soixante-deux ans, Mohamed va bientôt prendre sa retraite. Quarante ans après avoir été accueilli par la France, il veut retourner au Bled. « Je suis fatigué, confie-t-il. Pas du travail. Mais mentalement... Mes enfants... (il retient ses larmes, Nda) J'en ai marre. Je paye 574 euros pour un loyer, juste pour rester à la maison. » Le père se souvient d'une histoire, une histoire toute simple, sa torture intime : « J'arrive chez moi les bras chargés de sacs de courses et mes enfants accourent me les prendre pour m'aider à les monter. Voilà, c'est tout. Rien de plus. C'est rien du tout, mais j'y pense tout le temps. Je suis seul avec mes souvenirs. » Mohamed a été abandonné. C'est pourtant au sein même des familles de djihadistes qu'il faut agir. Car pour condamner clairement les actes de leurs enfants, encore faut-il que les parents les comprennent. Sinon, comment expliquer à leurs frères de sang et de religion, leurs amis, leurs copains de quartier que Houssem, Sabri, Karim, Maëva, Hassia et les autres ont fait le mauvais choix ? La République ne doit pas seulement reprendre ses droits dans les quartiers et revenir occuper le terrain qu'elle a déserté. Elle a également le devoir d'enseigner ses valeurs et de remettre ses enfants sur le bon chemin. Mais cela suppose une politique volontariste, une vision, un projet de société qui nous font cruellement défaut. Deux ans après les morts du djihad, le maire de Lunel ne connaissait toujours pas le prénom des jeunes de sa commune décédés. Il n'a rendu visite à aucune famille. « J'ai toujours dit que ma porte était ouverte », nous avait-il confié, depuis son restaurant chic de Lunel. Aucun des parents maghrébins à avoir perdu leurs enfants en Syrie ne l'a jamais franchie.

Et quand les morts du djihad s'enchaînèrent à la fin de l'année 2014, aucun représentant de l'État ne passa dans les foyers pour expliquer aux jeunes ce qui s'était passé et les rassurer. Facebook se transforma alors en un monument aux morts. Les photos des Lunellois décédés furent mises en ligne par leurs proches. Et on mit bientôt des « likes » sous les images des disparus, comme on dépose, dans la vraie vie, des gerbes de fleurs sur les tombes. Un enterrement sans cadavre, Daech n'ayant pas pour habitude d'envoyer les dépouilles chez les *kuffars*. Les familles ne purent obtenir aucun certificat de décès auprès de l'administration. « C'est notre *pretium doloris*, le prix de la douleur », nous confie Laurent, le père de Raphaël Amar. Les proches durent se contenter de ce deuil virtuel. Ici, une photo de Karim « Le Chinois », un papillon sur le doigt, sourire béat, les yeux pétillants de malice ; là un selfie de Houssem Mosli au milieu du désert, les cheveux longs et bruns noués dans un foulard. Les images les montrèrent parfois en civil, parfois en combattant. Ce devint presque une mode, chez les jeunes Lunellois, de glorifier la mort en « martyr » des héros de la dawla. Les condoléances et les petits mots de réconfort – « *Allah y Rahmou* » – affluèrent de partout. Les amis islamistes des défunts intimèrent aux familles de ne pas être trop tristes car « Allah avait tout écrit ». Formule consacrée pour dire que les combattants étaient aujourd'hui au paradis et qu'ils avaient fait leur devoir…

Pendant des mois, personne n'intervint pour suggérer qu'il existait peut-être meilleur moyen de pleurer ses morts que de les représenter dans un mausolée virtuel, à la vue de tous sur Internet dans des postures menaçantes, l'index levé bien haut en signe d'allégeance à l'EI, la kalachnikov à portée de main. Et il fallut faire comparaître devant la justice un jeune de Lunel pour que l'on cesse enfin de graver dans le marbre du web l'épitaphe français de Daech. Le 6 août 2016, Habib[1], vingt et un ans, fut ainsi jugé pour apologie du terrorisme. Depuis des semaines, le jeune homme avait pris l'habitude de poster régulièrement sur Facebook des

1. Le prénom a été modifié.

photos de ses défunts amis, accompagnés de petits smileys, de pleurs et de cœurs brisés, et de courtes légendes. « Mon frère me manque » ; « J'ai encore plus mal que tu l'imagines » ; « Le vide que tu me laisses m'agresse même dans mes rêves » ; « Un seul être vous manque et tout est dépeuplé », pouvait-on lire. Sauf que le 27 juin 2015, il avait dérapé et publié un cliché de son grand frère mort en Syrie, à califourchon sur un canon de l'État islamique, brandissant un immense drapeau noir de l'EI : « Mon frère, maintenant un mois que t'es parti, je n'arrive toujours pas à y croire, avait-il écrit. Je pense toujours que tu vas nous appeler et qu'on va faire un Skype mais non, t'as rejoint l'au-delà et t'es bien mieux là-bas, Inch'Allah ! Mais depuis que tu es parti, un grand vide s'est installé pour ne plus en sortir. Je ressens une douleur inexplicable. Tu as fait ton choix, on l'a respecté, tu nous as quittés pour nous ramener au paradis Inch'Allah ! Mon frère, je t'aime, à jamais inscrit dans mon cœur tu resteras ! Je t'aime. »

Ambigu, le message sera « liké » une centaine de fois. Sommé de s'expliquer devant le tribunal correctionnel de Montpellier, Habib fondra en larmes : « Je suis pas un terroriste, je regrette vraiment cette faute »[1], lancera-t-il. Avant d'ajouter : « Si j'avais su que je serais présumé d'apologie du terrorisme, jamais je ne les aurais mises. C'était juste pour que la famille en Tunisie et les collèges puissent les voir. » Délibéré : douze mois de prison avec sursis pour l'amour d'un frère. La justice ne tolère plus les écarts. On aurait pu lui dire, au jeune Habib, qu'il arrête de mettre des photos de son frère à cheval sur un canon de tank. On aurait pu lui dire : « Maintenant, ça suffit, on sait qu'il te manque, mais si tu veux le dire sur Facebook, ne poste pas ces photos-là, cela pourrait créer des vocations chez d'autres. » Mais non, on a préféré lui remettre une convocation chez le juge. Trois ans après les départs au djihad, le marteau s'abat sans mesure et sans nous apporter la moindre réponse. Égalité des hommes et des femmes, interdiction des discriminations, liberté religieuse : chez beaucoup d'enfants d'immigrés, ces belles idées contenues dans ces expressions sont fondées sur des mensonges. Un respect de la différence qui ne

1. « Pour moi, mon frère n'est pas un martyr », *Midi Libre*, 6 août 2016.

vaut qu'entre Gaulois. Me Martin Pradel, avocat de Hamza Mosli et spécialiste du djihad, résume : « Il faut tenir un miroir fermement et se regarder dedans : on se raconte des histoires sur notre société. Ces jeunes, c'est nous qui les avons engendrés. Nous sommes dans l'expectative d'un changement de notre logiciel social et en attendant, on neutralise les gens sur la base d'une radicalité sociale et religieuse. » Selon l'avocat, c'est très exactement ce qui s'est passé à Lunel : « C'est la première affaire après les attentats de *Charlie Hebdo* dans laquelle on a incriminé des jeunes en raison de leurs opinions et non en fonction de leurs actes. » Des opinions qu'il convient de combattre, non pas seulement devant un tribunal, mais dans l'espace public. Dans les salles de classe, les universités, les quartiers et les lieux de culte. Chacun doit prendre sa part. Malgré sa douleur, Laurent Amar, le père de Raphaël mort en Syrie, a déjà commencé à prendre la sienne. En avril 2016, il était apparu au lycée Louis-Feuillade de Lunel, en compagnie du père d'une victime des attentats du Bataclan, pour discourir ensemble devant des lycéens émus aux larmes, et à qui ils avaient demandé de se hisser « contre les messages funestes[1] ». Aujourd'hui, Laurent envisage, dès qu'il en aura la force morale, de mener d'autres actions de prévention. À l'été 2014, quelques jours avant la mort de Raphaël, il avait écrit à son fils une longue lettre d'amour qui se terminait ainsi :

« *Nous n'aurons de cesse de te faire revenir. Chaque prochain moment de notre vie et cela jusqu'à la mort. Jusqu'à épuiser tout notre argent, notre temps. Nos vacances (qui n'auront plus aucun sens) ne seront dédiées à autre chose qu'à ton retour. Tu ne nous as pas donné le choix. Nous ne t'en donnerons aucun autre.*

Ton père qui t'aime »

---

1. « Lunel : des pères de famille unis face à Daech », *Midi Libre*, 14 avril 2016.

En mémoire de Raphaël...

Aujourd'hui notre combat, en tant que parents, consiste à comprendre les causes qui ont conduit notre enfant et tant d'autres sur cette voie terrible.

Comment Raphaël a-t-il été converti ? Par qui ? Comment une doctrine religieuse a-t-elle pu à ce point déformer sa perception du monde ? Comment la lecture et l'interprétation du Coran peuvent-elles conduire à un tel choix ? Combien de familles sont-elles passées par cette épreuve ? Sont restées impuissantes face à ceux que leurs enfants avaient côtoyés ? N'ont rien su des discours qui les ont asservis ? N'ont rien su de ce qu'ils sont devenus en Syrie ?

Nous avons combattu pied à pied pendant quatre années et presque chaque jour au cours des trois mois pendant lesquels nous avons eu la chance et la douleur de rester en contact avec notre fils en Syrie (par Skype et par téléphone). Nous avons tout fait pour l'alerter, le convaincre, l'encourager à prendre de la distance, à développer son esprit critique. Il écoutait mais cela n'aura pas suffi à l'immuniser contre cette idéologie meurtrière. Il nous affirmait que nous ne devions pas nous inquiéter et qu'il savait ce qu'il faisait et qu'il ne ferait rien qui serait contraire au « bien » et à l'humanité. C'étaient pour lui des valeurs primordiales.

Malgré cette terrible épreuve, nous avons cependant le soulagement de savoir que notre fils n'a rien fait de répréhensible pendant les trois mois où il se trouvait en Syrie.

Comment les familles frappées par ce phénomène peuvent-elles se défendre et protéger leurs enfants et leurs proches lorsqu'ils sont en danger ? Quel est le prix de la douleur, ce « pretium doloris » ? Et comment la justice y répond-elle ? Comment la société tout entière entend-elle cet appel à l'aide ?

Le déplacement du langage, des valeurs et des règles ont été le ressort de cette emprise néfaste.

Nous avons vainement tenté de déconstruire les discours que Raphaël pouvait nous rapporter. Mais l'influence de la communauté intégriste, de la oumma, était trop forte. Une hallucination collective s'est emparée de Lunel. Une hallucination contre laquelle nos enfants convertis ou non n'étaient pas préparés et se sont retrouvés désarmés. Dès lors, peut-on encore parler de libre arbitre ? Rien ne destinait notre fils à ce projet inconcevable et funeste.

Au regard des conséquences et des dégâts que cette éducation religieuse a produits, on peut légitimement parler de secte ou d'endoctrinement sectaire. Je peux mesurer et témoigner de la manière dont certaines valeurs et prescriptions religieuses ont peu à peu éloigné notre fils de sa culture, de sa famille, de son pays et de sa liberté de choix... Sous couvert d'une rhétorique religieuse militante et au nom du « bien », des individus malveillants et dangereux ont délibérément instrumentalisé la conscience fragile de nos enfants au point de renverser leur réalité affective, sociale, pour leur substituer une réalité « augmentée », fantasmatique, faite d'aventures humanitaires, de fierté identitaire, et de rédemption paradisiaque... Un mensonge.

Le plus dangereux, et les événements récents nous l'ont malheureusement démontré, est que ce sont les plus jeunes qui sont en priorité visés. Il faut donc impérativement les protéger. Le combat contre cette dialectique religieuse doit être initié et relayé partout mais en particulier par les instances religieuses et vers les familles musulmanes démunies et confrontées à la radicalisation progressive de leurs enfants. Il faut encadrer les conversions et l'enseignement religieux. Alerter les familles, les parents et les éducateurs. Écarter les plus fanatiques de tout risque de prédation religieuse envers les plus jeunes ou les personnes fragiles.

Les chercheurs et les enseignants, la justice comme les médias, et bien sûr les hommes politiques, ont tous leur rôle à jouer dans ce combat contre cette idéologie qui procède, comme toute idéologie sectaire et fasciste, d'une véritable destruction culturelle dans sa façon de vouloir renverser les valeurs, la grammaire et l'imaginaire d'une jeunesse démunie ou à la recherche d'un nouvel idéal. Une idéologie délétère qui veut mettre en place un « storytelling » où l'héroïsme funeste, la réparation identitaire et la quête d'une vérité absolue construisent l'aventure la plus catastrophique pour l'avenir de nos sociétés.

Laurent Amar, un père meurtri
à jamais par le destin inimaginable
et inacceptable de son fils unique Raphaël

Composition et mise en pages
Nord Compo à Villeneuve-d'Ascq

Cet ouvrage a été imprimé par
CPI BRODARD ET TAUPIN
pour le compte des Éditions Grasset
en août 2017

Grasset s'engage pour
l'environnement en réduisant
l'empreinte carbone de ses livres.
Celle de cet exemplaire est de :
450 g Éq. CO_2
Rendez-vous sur
www.grasset-durable.fr

PAPIER À BASE DE
FIBRES CERTIFIÉES

N° d'édition : 20033 – N° d'impression : 3024402
Dépôt légal : septembre 2017
Imprimé en France

Per quié lunel ?